国家级职业教育规划教材

全国中等职业学校商务文秘专业教材

文秘应用文写作（第三版）

主编　肖玉珍

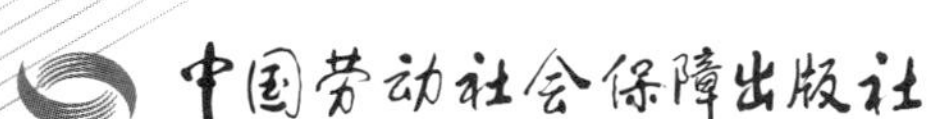

简介

本书是全国中等职业学校商务文秘专业国家级职业教育规划教材。全书共四章，内容包括党政公文、事务文书、公关文书、财经文书。在选择文种时，充分考虑到“学以致用”“学而能用”的原则，编选内容紧密联系教学对象学习、生活实际，讲究实用性和适用性。章节编排总体上依循由易到难、由浅入深的顺序，文体解说注重相近文种的辨析和范文示例，选用例文力求典型、规范、新颖、精短，浅学易懂，使读者能尽快掌握应用。

本书由肖玉珍任主编，林蕴妍任副主编，杨银娥、田落红参与编写。韦志国主审。

图书在版编目（CIP）数据

文秘应用文写作 / 肖玉珍主编. -- 3版. -- 北京：中国劳动社会保障出版社，2020
全国中等职业学校商务文秘专业教材
ISBN 978-7-5167-4491-8

Ⅰ. ①文…　Ⅱ. ①肖…　Ⅲ. ①汉语-应用文-写作-中等专业学校-教材　Ⅳ. ①H152.3

中国版本图书馆 CIP 数据核字（2020）第 233607 号

中国劳动社会保障出版社出版发行
（北京市惠新东街 1 号　邮政编码：100029）
*
北京市艺辉印刷有限公司印刷装订　新华书店经销
787 毫米 ×1092 毫米　16 开本　12.75 印张　220 千字
2020 年 12 月第 3 版　2022 年 12 月第 3 次印刷
定价：27.00 元

营销中心电话：400-606-6496
出版社网址：http://www.class.com.cn
http://jg.class.com.cn

前言
PREFACE

全国中等职业学校商务文秘专业教材自出版以来，在学校教学中发挥了重要作用。近年来，随着秘书行业的发展变化，企业对从业人员的知识水平和职业能力提出了更高的要求。为适应这一变化，满足学校培养人才的需求，我们组织一批教学经验丰富、实践能力强的教师与行业、企业专家，在充分调研的基础上，对现有教材进行了修订。

本次教材修订工作的重点主要体现在以下几个方面：

◆更新教材内容。根据近年来秘书工作领域的变化，在相关教材中，调整、更新了关于档案管理、办公设备使用、会计统计应用等内容；补充了与时代发展紧密相关的秘书工作案例；完善了秘书应用写作、口语交际训练等工作流程，使得教材内容更加具有前瞻性，符合时代发展特点。

◆强化职业技能和职业素质培养。教材进一步加大技能训练的比重，在涉及到文书管理、档案管理、实务管理等主要秘书工作技能的教材中，更多地加入实践题例和操作指导，方便教师开展一体化教学。同时，将与秘书行业相关的职业道德、职业操守等内容融入到教学知识、课堂问答、课后训练等环节，以加强对学生职业素质的培养。

◆提升教材表现力。通过设置案例分析、知识链接、能力提示等不同栏目，增加教材的亲和力，激发学生的学习兴趣。同时，尽可能多地以图表代替冗长的文字叙述，使教材更加生动，易于学习。

◆加强立体化资源建设。习题册修订和教材修订同步进行，同时补充开发配套的电子课件。习题册答案及电子课件可登录技工教育网（jg.class.com.cn），搜索相应的书目，在相关资源中下载。

本套教材的编写得到了有关学校的大力支持，教材的编审人员做了大量的工作，在此，我们表示衷心的感谢！同时，恳切希望广大读者对教材提出宝贵的意见和建议。

人力资源社会保障部教材办公室

目 录
CONTENTS

绪论

一、应用文及其特征

应用文是各级机关、企事业单位、社会团体等社会组织以及个人处理各种事务时所使用的格式规范、语言简约的文体。可从以下几个方面把握应用文的本质特征：

第一，写作目的明确。当有事务需要处理时，就有必要写作和使用应用文。

第二，时间要素明确。应用文所针对的事务一般是在一定时期内存在的，因此执行时间、有效期限和成文日期等时间要素应当非常明确。

第三，语言表达规范。应用文主要使用规范的现代汉语，语言庄重简洁，这一点和文学作品形成了鲜明的差异。

第四，格式体例稳定。大多数应用文已经形成了稳定的通用格式和体例，体现出规范性和严肃性，撰写者在拟文时必须遵守格式体例的要求。

二、应用文的文种

应用文涵盖的文种非常繁杂，而且随着社会的发展还将不断诞生新的文种。应用文的分类尚无统一标准，一般可分为党政公文、事务文书、公关文书和财经文书等类别。

1. 党政公文

党政公文，即一般所说的公文、法定公文、正式公文。《党政机关公文处理条例》指出：党政机关公文是党政机关实施领导、履行职能、处理公务的具有特定效力和规范体式的文书，是传达贯彻党和国家方针政策，公布法规和规章，指导、布置和商洽工作，请示和答复问题，报告、通报和交流情况等的重要工具。包括15种文体：决议、决定、命令、公报、公告、通告、意见、通知、通报、报告、请示、批复、议案、函、纪要。

2. 事务文书

事务文书是指各级机关、企事业单位、社会团体等社会组织以及个人办理日常事务时所使用的党政公文之外的文书，常用的有计划、总结、启事、规章制度等。事务文书的权威性和约束力不及党政公文，不能直接采用党政公文的格式印发，如有必要可以作为党政公文的附件下发。

3. 公关文书

公关文书是指各级机关、企事业单位、社会团体等社会组织以及个人在社会交往活动中，根据不同场合、不同情况，遵循相应的习俗和情感关系所使用的各类公关礼仪性文书。常用的公关文书主要有邀请函、贺信、感谢信、欢迎（送）词等。公关文书能够帮助建立和谐融洽的外部环境，使得组织对外联络更加顺畅，有助于塑造社会组织和个人良好的社会形象。

4. 财经文书

财经文书是指企事业单位在对外经济工作或商务活动中使用的应用文。这类文书的内容主要涉及沟通联络商务行为、明确经济权利和义务关系、搜集分析商业信息等方面，能够保障商务工作的顺利进行，维护自身合法权益，降低经营风险，提高经济效益。常用的财经文书主要有商务函件、合同、招（投）标书、市场调查报告等。

三、公文简述

公文是应用文当中非常重要的一类文种，它的写作要求细致，格式要求规范，正确掌握公文的相关知识，是进行应用文写作的基础。

1. 公文的特点

（1）法定性

公文是由法定机关或组织制发的，代表着法定机关或组织的意图，在法定机关或组织的权限范围内，具有法定的权威性和约束力。

（2）政策性

公文是处理公务问题的工具，内容必须完全符合党和国家的各项方针、政策，并借助公文这一工具，把党和国家的方针、政策切实地贯彻到具体工作中去。

（3）实用性

每份公文都有其具体的制发目的和公务职能，是针对实际工作的需要而制发的。

（4）时效性

公文的制发和实施是有严格时间要求的，公文的效用也常常是有时间限制的，因此在制发和办理过程中必须迅速及时。

（5）规范性

公文不可以任意撰写，它有规范的体式和严格的规定，公文不规范，将影响公文所涉事项的正常运转和公文效用的发挥。

2. 公文的种类

（1）按照行文方向划分

按照行文方向划分，公文可分为下行文（如命令、批复等）、上行文（如报告、请示等）和平行文（如函）。下行文是指具有隶属关系的上级机关制发给下级机关的公文，上行文是指具有隶属关系的下级机关呈报给上级机关的公文，平行文是指不相隶属机关之间来往的公文。所谓隶属关系，是指上下级机关具有直接管理和被管理的关系。

（2）按照缓急程度划分

按照缓急程度划分，公文可分为特急、急件和一般文件三类。特急文件应在接件后一天内办理完毕，急件应在接件后三天内办理完毕。有的紧急公文不仅标明紧急程度，还可在标题的文种前加以限定，如“××（单位名称）关于加强安全检查工作的紧急通知”。

（3）按照保密级别划分

按照保密级别划分，公文可分为绝密、机密和秘密三个等级。绝密文件是指涉及党和国家最核心机密的文书，机密文件是指涉及党和国家重要机密的文书，秘密文件是指涉及党和国家一般秘密的文书。具有密级的文件一旦泄露，会使党和国家的安全和利益遭受不同程度的损害。

3. 公文的作用

（1）指导作用

公文是上级机关对下级机关的工作进行领导与指导的一种工具，上级机关通过制发公文来部署工作，对下级机关的工作进行具体的领导与指导。

（2）管理作用

公文具有管理公务的基本职能。各机关通过制发公文来表达意图，传达组织、协调、指挥、控制等方面的意向，实现其管理职能。

（3）规范作用

公文是法律规范的体现形式，而法律规范是人们的行为准则，是进行各项工作、开展各项活动的基本依据。

（4）沟通作用

上下级或平行机关利用公文开展工作，交流信息。

（5）凭证作用

公文具有法定效力，可以作为办事的依据、工作的指针，俗话常说的“按红头文件办事”就是这个意思。同时，公文也是机关工作的记录和保存。

4. 公文的语体要求

所谓语体，是指行文中所体现的语言风格特色和不同的语言运用体式。公文语体的特色可概括为平实、明确、简要、得体、程式五点。

（1）平实

公文写作多用叙事、说明、议论，少用或者不用描写铺陈、渲染夸张等手法，要文实相符，文如其事。

（2）明确

公文的语言要求清楚明白，确切无误。

（3）简要

简要就是简洁、扼要，没有冗言赘语，用最少的文字表达最丰富的内容。

（4）得体

正确选用文种，并根据不同性质的公文选用相应的规范词语。

（5）程式

公文在长期的使用过程中，为了适应表达上的需要，使其在形式上清晰醒目，逐渐形成了相对固定的框架语言体式，这就是公文语言的程式性。

四、提高应用文写作能力的途径

应用文写作能力是个人综合能力的反映，体现出个人的内在素质。因此，加强政治理论、文化知识、实践能力等方面的修养，是强化个人内在素质的根本途径，也是提高应用文写作能力的必由之路。具体有以下三点：

一是要注重政治理论修养，提高认识、分析和解决问题的能力。应用文写作是研究问题、处理工作、进行交流和解决问题的工具，因此要写好应用文，首先要提高自身认识、分析和解决问题的能力。

二是要熟悉常用文体，不断总结经验。应用文的文种比较多，但体裁格式有规律可循，经过反复实践可以不断提高写作水平。

三是要加强语言修养，提高文字水平。语言文字是写作的主要表达手段，任何一种作品范式都有语言文字使用上的独特要求。因此，只有不断提高文字水平，才能掌握应用文语言所具有的准确、简明、规范、平实的基本特点。

part

01

第一章 党政公文

在未来的职业活动中，我们常常会参与一些公务或管理活动，需要进行党政公文的写作，如制定决定、通报情况、下发通知、撰写报告、请示工作，以及通过发函联系商洽工作等。因此，我们必须认真学习党政公文的写作知识，掌握常用党政公文的写作技巧，培养党政公文的写作能力。

单元内容分配

模块	课程内容	授课课时
必修模块	通知	2 课时
	通报	2 课时
	通告	2 课时
	报告	2 课时
	请示	2 课时
	函	2 课时
选修模块	决定	2 课时
	意见	2 课时
	会议纪要	2 课时

第一节　通知

学习目标

- 掌握通知的概念和种类
- 掌握通知的写作结构和方法
- 能够根据所给的材料写出符合要求的通知

在公文中，通知的使用频率很高，公文的下达、公务人员的任免、会议的召开等都需要使用通知。通知的使用范围也很广，上至高层机关、下到基层单位都可使用通知这一文种。同时，通知的篇幅可长可短，表达方式与格式较为灵活，是一种非常重要的公文。

一、通知概述

1. 通知的概念

通知是"适用于批转下级单位的公文，转发上级单位和不相隶属单位的公文，传达要求下级单位办理和需要有关单位周知或者执行的事项，任免人员"的公文。通知是使用相当广泛的公文文体，一般是下行文或平行文。

2. 通知的种类

根据通知适用范围，可分为以下类别：

（1）指示性通知

指示性通知是用于向下级单位布置工作事项或指示方法、步骤的通知，如"国务院办公厅关于禁止发放使用各种代币购物券的通知"。

（2）批转、转发性通知

批转、转发性通知用于发布某些行政法规，转发上级、同级或不相隶属单位的公文以及批转下级单位的公文。

（3）知照性通知

知照性通知是用于告知某一事项或某些信息的通知，如庆祝节日，成立、调整、合并、撤销机构，启用新印章，更改电话，更正文件差错等，都可用这种通知行文。

（4）任免人员通知

任免人员通知是用于任免和聘用干部的通知，如“国务院办公厅关于调整国务院三峡工程移民试点工作领导小组组成人员的通知”。

（5）会议通知

会议通知是组织会议的单位制发的通知，如“宁波市外贸局关于召开外贸会议的通知”。

二、通知的结构和写法

通知的种类虽多，但其基本结构是一致的，一般包括标题、主送单位、正文、附件、署名、成文日期等几部分。

1. 标题

通知的标题一般应写明发文单位、事由和文种，如“国务院关于进一步加快旅游业发展的通知”。情况特殊的通知，比如“紧急通知”“补充通知”等都应在标题中写明，如“国家税务总局关于现金退税问题的紧急通知”。对于内部通知，标题只写明事由和文种即可。

2. 主送单位

即被通知的单位或个人，在正文前顶格书写，后跟冒号。无固定通知对象或知照范围广泛的通知则可不写。

3. 正文

批转或转发性通知结构简单，其余通知一般由三部分构成。

（1）事由

这是通知的开头，应写明制发通知的缘由、目的、依据或情况。通常用“为了……”“根据……”引出缘由，再用“现将有关事项通知如下”“特作如下通知”等语句过渡到下面的内容。内容单纯的通知，可省去发文缘由，直接写发文目的。

（2）事项

写出通知的内容，即要求受文单位承办、执行和应知晓的事项。这些内容如果比较复杂，可分条列项写出。

对于会议通知的事项，一般应写明会议时间、地点、参加对象、会议主要内容等要素。比较复杂的会议通知，还需告知会议要求、会议接待安排、食宿交通情况、联系方式、会议回执等。

（3）结尾

可根据工作需要考虑是否写明执行要求。具体形式：一是提出希望，强调执行事项的要求，如“希望各部门按照通知要求，认真及时地做好各项工作”；二是采用特定结束语，如“特此通知”。也有些通知没有专门的结束语，通知事项写完，正文就结束。

4. 附件

附件是随同主文件一同制定的相关文件。很多应用文都带有附件，其作用基本相同，后续不再一一介绍。

5. 署名

署名即发文单位全称或规范化简称，位于正文右下方，成文日期之上，并加盖印章。

6. 成文日期

应年、月、日齐全，用阿拉伯数字书写。其他公文拟写时也有同样要求。

三、撰写通知的注意事项

第一，主题要集中，尽量一文一事。一则通知一般布置一项工作、说明一件事情，不宜写入多项事务。

第二，事项要写得具体明确。事项是通知的基本内容，发文目的应明确，交代事情要详细，采取措施要得力，提出要求要具体。只有这样，才便于有关单位和人员执行。

四、例文评析

例文一

广州 ×× 电子有限公司关于召开代理商工作会议的通知

各地区代理商，本公司各部门：

为建立一个和谐顺畅且稳定坚固的销售渠道，给厂商和消费者带来更多的利益，本公司决定在广州市召开 ×× 电子 20×× 年度显示器代理商工作会议。现将有关事项通知如下：

标题：
发文单位 + 事由 + 文种
主送单位
正文：
准确、齐全、具体。将会议议题、参会人员、会议时间、会议地点等

一、会议议题

1. 总结各地区代理销售情况。

2. 讨论并解决各地区存在的销售矛盾。

3. 商讨如何建立一个和谐顺畅且稳定坚固的销售渠道。

二、参加会议人员

各地区代理商及本公司各部门负责人。

三、会议时间

5月10日—12日。

四、报到时间和地点

5月9日在广州市×××酒店大堂报到。

五、会议地点

广州市×××酒店二楼圆形会议厅。

六、其他事项

1. 会议将为与会人员免费提供食宿。

2. 参加会议的代理商请按要求填写本通知所附的会议报名表，于4月30日前寄回会务组。需要接车、接机的人员，务请在会议报名表中注明。

3. 请各代理商报到时向我公司提交一份销售情况报表。

会务联系：广州市××路××号广州××电子有限公司代理商工作会议会务组

邮编：××××××

联系人：××

联系电话：××××××××

电子邮箱：××××@××××.com

附件：广州××电子有限公司代理商工作会议报名表

广州××电子有限公司

20××年4月18日

重点要素讲述清楚。这是对会议通知所写事项的基本要求。

附件

署名

成文日期

例文评析

这是一则会议通知，正文开头写出了会议目的和会议名称，在承启语后，写明了会议的议题、时间、地点、与会人员及有关注意事项。文章层次分明，语言简洁、清晰。

例文二

中国工商银行 ×× 省分行关于转发《中国工商银行关于印发〈中国工商银行外币储蓄会计核算暂行办法〉的通知》的通知

标题：发文单位 + 事由 + 文种

各地、市、州工商银行：

主送单位

现将《中国工商银行关于印发〈中国工商银行外币储蓄会计核算暂行办法〉的通知》（×× 字〔20××〕16 号）转发给你们，请认真遵照执行。根据我省具体情况，我行特提出以下几点补充要求：

正文：转发文件，并提出要求。

1. 目前我行暂开办美元、港币、日元三种外币的定期储蓄。

2. 上述三种外币的定期储蓄存款计息问题，仍按我行银〔××〕36 号《关于外币定期储蓄存款计算问题的补充规定》执行。

3. 请各支行组织储蓄专业人员认真学习，贯彻执行。对执行中出现的问题，请及时与省分行联系。

特此通知。

附件：中国工商银行关于印发《中国工商银行外币储蓄会计核算暂行办法》的通知

附件

中国工商银行 ×× 省分行

署名

20×× 年 × 月 × 日

成文日期

例文评析

这是一则转发性通知，在正文中先写出转发文件名称，然后再根据自身情况分列三点，补充说明和提出要求。

例文三

关于李×等同志职务任免的通知	**标题：**事由＋文种
××疗养院：	**主送单位**
你院上报的选举过程和结果已收悉。经董事会会议研究决定： 任李×为经理，主持全面工作； 任田×为副经理，主持业务工作。 免去陈××的经理职务和刘××的副经理职务，由公司安排其他工作。 特此通知。	**正文：**每个任免事项单独为一个段落，以达到醒目的效果。
××集团公司董事会	**署名**
20××年×月×日	**成文日期**

例文评析

任免通知的正文，第一部分一般说明任免的依据，多用“经××××研究决定”“根据××××，经××××研究决定”一类用语领起第二部分的任免事项。本文简明扼要，直陈其事，符合一般任免通知的写法。

课后习题

一、改错题

请指出下列通知存在的问题。

关于庆祝首届教师节开展游园活动的通知

为了庆祝今年的教师节，更好地促进师生之间的友谊，我校定于×月×日晚×时在××（地点）举办游园活动。为确保此次活动的顺利开展，现将有关事项通知如下：

一、参加游园活动者必须是本校教职工，其他人员不得参加。

二、必须听从工作人员的安排，服从工作人员的指挥，不得无理取闹，以免影响工作人员的正常工作。

三、必须严格遵守各项活动规则，不准随便破坏游园活动的规定，如有这种情况将受到校纪处分。

四、参加任何活动都必须排队，不准随意插队，不准在队列中故意拥挤。

五、保护好一切活动器械，严禁私自拿走或破坏。

六、领奖时必须排队，不准不排队而领奖这种现象发生。

七、工作人员必须严格要求自己，不得乱发奖票。

以上规定，望大家自觉遵守，互相监督执行。对那些不遵守者，将给予校纪处分。

特此通知。

××学校教师节游园活动筹备组

二〇××年×月×日

二、写作题

请根据材料，撰写一则会议通知。

××学校将要举办教师节游园活动，为了让该活动准备得更充分，筹备组拟于9月6日上午8点在1号会议室举办教师节游园活动筹备会议，要求学校全体中层干部、办公室和总务处全体老师参加，有关人员准备好承办项目的活动方案，每人发言15分钟。

第二节　通报

学习目标

- 掌握通报的概念和种类
- 掌握通报的写作结构和方法
- 能够根据所给的材料写出符合要求的通报

在公文中，通报涉及的内容和使用范围比较广泛，各级各类单位对具有典型意义的、好的或坏的事例及重要情况，都可用通报予以反映传达。因此，通报一方面可以发挥知照作用，另一方面也可使受文对象从典型事例中受到启发教育，从中汲取经验教训，从而影响人们的思想、行为，发挥教育、指导的作用。

一、通报概述

1. 通报的概念

通报是“适合于表彰先进，批评错误，传达重要精神和告知重要情况”的公文。通报是宣传教育、通报信息的文种，属于下行文。

2. 通报的种类

按照作用不同，通报可分为以下三类：

（1）表彰通报

表彰通报主要用于表扬先进人物和先进集体的事迹，树立榜样，宣传典型，总结成功经验。

（2）批评通报

批评通报主要用于批评错误，通报事故或反面典型，总结教训。

（3）情况通报

情况通报主要用于传达情况，沟通信息。

二、通报的结构和写法

1. 表彰通报和批评通报的结构和写法

（1）标题

由发文单位（可省略）、被表彰或被批评的对象和文种构成，如“共青团××市委关于表彰×××等同志勇救落水儿童的通报”。

（2）主送单位

通报的主送单位是下级单位，可以是一个，也可以是多个。有些通报特指某一范围内，可以不标注主送单位。

（3）正文

表彰（批评）通报正文结构包括三部分：

第一部分，情况简介，即概述事实发生的时间、地点、单位或个人、经过、结果。事实要有一定的代表性和典型性。文字表述要抓住主要内容，做到简明扼要、清楚明白、准确无误，要用叙述的手法真实地反映实际情况。

第二部分，事由评析，即对通报的事实进行恰如其分的议论分析，指出事实的性质和产生的原因，阐明通报的意图。如果是表彰通报，要指出先进事迹的精神实质、意义和影响；如果是批评通报，要分析错误的性质、原因和危害性。

第三部分，根据通报的情况，针对现实的需要，发出号召或提出希望和要求。文字表述要简略，要有针对性。

（4）署名和成文日期

同通知的要求。

2. 情况通报的结构和写法

（1）标题

一般由发文单位、通报的事由和文种构成，如“国务院关于一份国务院文件周转情况的通报”；或写明通报的事由和文种，如“关于××市民政事业费管理使用情况的通报”；有的只写“情况通报”。

（2）主送单位

同表彰（批评）通报。

（3）正文

第一部分，通报的事由或者依据；第二部分，情况介绍，即对事情的发展情况、主要情节分段分条叙述；第三部分，分析情况的客观意义，分析要入情入理，合乎实际，不可脱离通报的情况；第四部分，根据通报的情况提出具体要求或指导性意见。

（4）署名和成文日期

同通知的要求。

三、撰写通报的注意事项

第一，通报的材料必须真实无误。无论哪种类型的通报，其涉及的情况都应真实可靠，分析和评价要以有关规定和事实为依据，不妄下结论。特别是批评通报，通常是作为行政处罚的一种形式，应特别慎重，力求事件真实，用语恰当，以理服人。

第二，通报的对象应具有典型性。通报最终的目的是通过表扬先进、批评错误，使人们从中受到教育，获得启发，以不断提高思想认识。因此，撰写通报时应选择典型的人与事，这样才能更好地以“点”来教育“面”，真正发挥通报的作用。

第三，通报的写作应注意时效性。无论是先进典型还是错误问题，一经发现就应及时反映，这样才有利于当前工作，以免时过境迁，失去了现实的教育和指导意义。

四、例文评析

例文一

关于 ×× 市任意挪用、占用和滥用民政事业费问题的通报

（标题：事由 + 文种）

各地、市、州人民政府，省属各有关厅局：

（主送单位）

×× 市任意挪用、占用和滥用民政事业费的问题非常严重。民政事业费是体现党和国家关怀广大优抚、救济对象生活疾苦的专项资金，任何人都不得挪用、占用和滥用民政事业费。为了严明党纪国法，省人民政府责成 ×× 市人民政府限期追回被挪用、占用和滥用的民政事业费专项资金，对有关人员按党纪政纪严肃处理，并于 20×× 年 × 月 × 日前将处理结果报送省人民政府。

（正文：通报了主要事项，采用夹叙夹议的写法，文字表述简略，针对性强。）

各地要以此为鉴，加强民政事业费管理，杜绝此类问题再度发生。

（结尾：提出具体要求。）

附件：×× 省审计厅关于 ×× 市任意挪用、占用和滥用民政事业费的情况报告 | 附件

×× 省人民政府 | 署名

20×× 年 × 月 × 日 | 成文日期

例文评析

这是一篇批评通报，采用夹叙夹议的写法，针对现实中出现的问题进行批评，以点带面，行文严密，教育性强。

例文二

关于表彰 20×× 年度优秀共产党员的通报

标题： 事由 + 文种

各直属党（总）支部：

主送单位

20×× 年，区卫健委党委直属广大党员，全面贯彻落实党的十九大精神，积极实施“卫生强区”战略，扎实推进医药卫生体制改革，坚持不忘初心、牢记使命，艰苦奋斗、勤政廉洁，履行职责、努力工作，较好地发挥了共产党员先锋模范作用，涌现出了一批优秀共产党员，在群众中树立了良好的形象。为弘扬正气、激励先进，经区卫健委党组研究决定，对 20×× 年度经民主评议评定为优秀的 30 名共产党员予以通报表彰。

正文： 通报了主要事项，突出主要事迹，评价中肯。

希望受到表彰的党员戒骄戒躁，再接再厉，取得更大的成绩。同时，号召广大党员向受表彰的优秀共产党员学习，大力弘扬求真务实精神，大兴求真务实之风，开拓进取，扎实工作，积极为我区卫生健康事业的发展作出新的贡献。

结尾： 宣布表彰决定，提出希望。

附件：20×× 年度优秀共产党员名单 | 附件

中共 ×× 市 ×× 区卫生健康委员会党组 | 署名

20×× 年 × 月 × 日 | 成文日期

例文评析

这是一篇表彰通报，正文先是对受表彰党员的先进事迹进行恰当的分析和评议，态度中肯，然后撰写决定事项，最后提出发文单位的希望和号召。全文结构合理，格式规范。

课后习题

一、改错题

请指出下面这则通报存在的问题。

×× 县商务局关于表扬营业员 ××× 同志的通报

各乡镇人民政府：

二〇×× 年 × 月 × 日中午十二时左右，×× 百货商店 ×× 路门市部售表柜台前来了一个青年顾客，提出要买一块“××”牌手表。青年营业员 ××× 同志将手表拿出上了几下弦后递给这个顾客，又忙着接待别的顾客。一种强烈的责任感促使他随时盯着买表人的动作。忽然，发现那人侧过身子挡住营业员的视线，把表放在耳边装作听表的样子。

这种行为引起了 ××× 同志的警觉，他心想：挑表为什么要侧过身子背对着营业员呢？当他把表交回来的时候，××× 同志立即进行了检查，发现弦是满的，表面上有两道划纹。他马上认定新表已被换走，于是当机立断，喊了一声：“你停一下！”那人听到喊声，慌忙向店外跑去。见此情景，××× 同志一跃跳到柜台外，用尽力气拼命追赶。霎时间，那家伙穿过胡同，跑出数百米。营业员边追边喊：“抓住他！抓住他！”终于在路人的协助下，将罪犯逮住并扭送到派出所，从其衣袋里搜出换去的新表。

××× 同志机智果断，不顾个人安危与坏人坏事作斗争，保护了公有财产，精神可嘉。决定给予通报表扬，并颁发奖金，以资鼓励。

×× 县商务局局长
20×× 年 × 月 × 日

二、写作题

请根据以下材料，撰写一篇通报。

××学院×系×班学生在中国社会主义建设课程考试中出现以下情况：王小明偷看张珊的试卷，李亮夹带纸条，陈宸与赵逸交头接耳。学院领导经过调查和研究，决定对以上学生给予警告处理，并通报全校。请以××学院教务处的名义给各院系就上述情况写一份通报。

第三节　通告

学习目标

- 掌握通告的概念和种类
- 掌握通告的写作结构和方法
- 能够根据所给的材料写出符合要求的通告

通告是各级机关、企事业单位和社会团体经常使用的周知性公文，其作用一是向一定范围内的对象告知有关事项，使其知晓；二是明确某一方面的规定，使有关对象遵照执行。

一、通告概述

1. 通告的概念

通告是“适用于在一定范围内公布应当遵守或者周知的事项”的公文。

2. 通告的种类

根据不同作用，通告一般分为以下两种：

（1）告知性通告

告知性通告主要用于公布某一事项或告知有关单位、人员需要知道的事项。这类通告仅供人们知晓，不具有行政约束力。

（2）规定性通告

规定性通告是政府职能部门依法公布有关规定，要求相关范围内的单位、部门和人员予以遵守、执行。这类通告往往带有强制性的行政约束力，有的甚至具有法律法规效力。

二、通告的结构和写法

通告一般由标题、正文、署名和成文日期等几部分构成。

1. 标题

通告的标题有三种形式：

（1）发文单位 + 事由 + 文种

规定性通告一般采用这种完整式标题，如“××省人民政府关于禁止生产、销售和使用一次性发泡塑料餐具的通告”。若使用带有文件头的公文用纸，则可以省略发文单位，如“关于加强管理商业促销活动的通告”。

（2）发文单位 + 文种

一般对外张贴、发布的通告使用这种形式的标题，如“××市供电局通告”。

（3）文种

即“通告”。在本单位、本部门内部发放的通告可采用这种形式，在公开发布时，仅以“通告”二字作标题。

2. 正文

通告正文主要包括发文缘由、通告事项和结尾三部分。

（1）发文缘由

说明通告发文的目的、依据等，通常用“为了……”“根据……”引出缘由，再用“现将有关事项通告如下”等语句过渡到下面的内容。

（2）通告事项

这是通告的主体部分，是有关单位、个人应该周知或遵守的事项，要写得具体明确。如果内容较复杂，可采用条款的形式来撰写。

（3）结尾

一般用“特此通告”这一习惯用语结尾。有的通告没有专门的结束语，事项讲完即自然结束。

3. 署名和成文日期

同通知的要求。

三、撰写通告的注意事项

第一，通告内容要通俗易懂。通告是周知性的文书，读者范围很广，而且往往以普通群众居多，因此撰写通告时要特别注意语言的简明易懂。

第二，通告内容要符合法规。规定性通告往往是对某一事项的强制性要求，因此必须要有法律依据，符合法律法规或相关政策。

第三，通告内容要具体清楚。无论是告知性通告，还是规定性通告，都应说清具体事项，便于人们了解行文意图，这样才能发挥其作用。

四、例文评析

例文一

××市供电公司通告	**标题：** 发文单位＋文种
因线路维修和改造，3月12日8：00—17：00，本市下列路段停电：工农路、人民东路、青年东路。施工期间请有关单位和居民做好准备，不便之处，敬请谅解。	**正文：** 将停电这一事项进行通告，提醒相关人员注意。
××市供电公司	**署名**
20××年3月10日	**成文日期**

例文评析

这是一篇告知性通告，内容明确，缘由、事项一目了然，同时用语得体，语气委婉有礼。

例文二

××省人民政府关于禁止生产、销售和使用一次性发泡塑料餐具的通告	**标题：** 发文单位＋事项＋文种
为有效防治白色污染，保护人民健康，维护消费者权益，保护生态环境，根据经国务院批准、由商务部发布的《淘汰落后生产能力、工艺和产品的目录》中关于限期淘汰	**正文：** 开头提出了发文缘由，即根据国家有关规定，禁止一次性发泡塑料餐

一次性发泡塑料餐具的规定，省人民政府决定在全省范围内禁止生产、销售和使用一次性发泡塑料餐具。现将有关事项通告如下：

具的生产、销售和使用。在主体部分，对通告事项采用条款形式进行说明。

一、在本省行政区域内立即禁止生产一次性发泡塑料餐具，有关经营者立即停止对一次性发泡塑料餐具的进货，并从20×× 年 × 月 × 日起禁止销售、使用一次性发泡塑料餐具。

二、本通告所称一次性发泡塑料餐具指：以发泡聚丙烯、聚苯乙烯、聚乙烯等为原料生产的不符合《一次性可降解餐饮具通用技术条件》的一次性饭盒、杯、碟（盘）、碗等食用容器和用具。

三、原从事一次性发泡塑料餐具生产、销售的企业，须到卫生行政部门办理卫生许可证注销或变更登记手续，并到市场监督管理部门办理企业注销或经营范围变更登记手续。

四、一次性发泡塑料餐具的替代品，必须符合国家卫生标准、卫生管理规范和产品质量标准，并按照《中华人民共和国食品卫生法》和《×× 省卫生许可证发放管理办法》的规定，向省级卫生行政部门申报办理卫生许可批件。

五、对违反规定，在本省行政区域内生产、销售、使用一次性发泡塑料餐具的，根据《中华人民共和国产品质量法》《中华人民共和国食品卫生法》的有关规定，由市场监督管理部门和卫生行政部门依照各自职能依法处理，构成犯罪的，依法追究刑事责任。

（略）

×× 省人民政府　**署名**

20×× 年 × 月 × 日　**成文日期**

例文评析

这是一篇规定性通告，内容具有强制性的法规约束力，先说明了行文的目的和依据，主体部分采用条款形式，将有关事项和规定加以详尽说明，以便有关方面遵照执行。

课后习题

一、改错题

请指出以下公文存在的问题，并修改。

公　　告

我公司经市政府领导同意，定在本月10日起改建×××公路桥，改建的时候这里不准走路，来往行人车辆请绕路而去。

特此公告。

××公司

20××年×月×日

二、写作题

请根据以下材料，撰写一篇通告。

首届“桃李杯”马拉松赛将于20××年×月×日上午×时至下午×时在×市举行。为保障赛事的顺利进行，对环城路、江滨路、诗书南路、教育北路、桃园中路实行交通管制，除警备车、救护车、消防车、工程抢险车外，禁止其他机动车辆通行。试据此信息，代×市公安局拟写一份通告。

第四节　报告

学习目标

- 掌握报告的概念和种类
- 掌握报告的写作结构和方法
- 能够根据所给的材料写出符合要求的报告

报告是上行文，其用途比较广泛，基层单位经常会使用这一文种，用于向上级汇报全面工作或专项工作，是上下级沟通情况的重要途径；还可用于答复上级的有关询问。

一、报告概述

1. 报告的概念

报告是“适用于向上级单位汇报工作，反映情况，回复上级单位询问”的公文。

2. 报告的种类

（1）工作报告

工作报告即定期向上级单位汇报本单位全面工作情况的报告。工作报告一般向上级单位汇报某一阶段工作的进展、成绩、经验、存在问题及下一步工作打算，或汇报上级单位交办事项的结果以及对某一指示传达贯彻落实的情况等。

（2）情况报告

情况报告也称专题报告，即向上级单位汇报出现的新情况、新问题，特别是突发事件、特殊情况、意外事故及处理情况的报告。

（3）答复报告

答复报告是用于答复上级询问的报告。

二、报告的结构和写法

报告一般由标题、主送单位、正文、署名和成文日期等几部分构成。

1. 标题

一般有两种写法：一是完全式，要求发文单位、事由、文种三部分齐全；二是省略式，由事由和文种构成。但政府工作报告通常只写“政府工作报告”几个字，然后在题注中写明“×××× 年 × 月 × 日在 ×××× 会议上”。

2. 主送单位

报告一般都有受文单位，但政府工作报告只写“各位代表”几个字。

3. 正文

由于种类不同，报告正文的结构也有所区别。

（1）工作报告

第一部分概述工作的背景、目的和主要内容；第二部分报告工作的具体情况，包括工作的主要内容和过程，工作取得的成绩、经验以及存在的问题；第三部分撰写今后工作的设想和计划。

（2）情况报告

第一部分概括介绍基本情况，一般是叙述事情发生的原委、经过及结果；第二部分对问题成因进行分析，指出应吸取的教训；第三部分指出问题的性质、后果及其影响；第四部分撰写处理意见及今后的防范措施。

（3）答复报告

第一部分撰写答复缘由，通常为引述原文，以明确答复对象和答复原因，如“贵单位××〔××××〕××号函收悉，现对××××问题答复如下”；第二部分撰写答复事项，是针对询问问题的答复。

4. 署名

应标注发文单位全称或规范化简称。政府工作报告因在题注中注明，署名不再标注发文单位。

5. 成文日期

写出完整的年、月、日，但政府工作报告的日期写在题注中。

三、撰写报告的注意事项

第一，材料要真实。报告中的材料是上级单位制定方针政策的重要依据，应保证真实可靠，不能用“据说”“估计”之类的词语领起材料。既不能夸大成绩，也不能掩盖存在的问题和缺点，有喜报喜，有忧报忧。

第二，文字要精练。撰写报告多用叙述方式，且多以概述为主，不要过多议论，有时可做必要的分析，以使报告更有理论高度。撰写综合性报告时，既要做到综合全面，又要突出重点，切实做到点面结合；撰写专题性报告时，不必面面俱到，详说细述，而是用概括介绍的方式讲清事件发生发展的基本情况。

第三，报告中不能夹带请示事项。受文单位对报告不必答复，若夹带请示事项，不仅不便于处理，有时还会耽误工作。

四、例文评析

例文一

××省银行业协会关于本省四家国有商业银行银行卡异地存取款收费问题的情况报告

中国银行业协会：

20××年×月，我省部分客户和新闻媒体对我省四家国有商业银行银行卡异地存取款收费问题反映强烈，为此，省物价部门专门进行了检查，现将有关情况报告如下：

我省四家国有商业银行对客户省内、省外异地存取款政策有所差异。有的商业银行省内、省外异地存取款都实行收费；有的商业银行省内异地存取款不收费，省外存取款要收费；有的商业银行省内异地存款不收费，省内异地取款和省外存取款要收费。各商业银行存取款手续费标准各异。

目前很多客户认为，银行办理银行卡异地存取款业务属正常服务范围，不应收费，为此客户投诉较多。物价部门也认为，中国人民银行批复商业银行执行的收费标准不能作为合法依据，银行收费标准的制定权限应在国家发展改革委；但考虑到各商业银行都是按总行制定的标准执行，因此还未实行处罚。各商业银行一致认为，银行卡业务投入了大量的资金，费用很高，理应按照国外银行通行做法收费。

银行卡业务较传统银行业务有以下几个特点：一是依赖于银行计算机网络；二是依赖于专用银行卡机具（包括内部配置的打卡机，外部使用的POS机、ATM机等），这些设备的价格及维护费用较高；三是需租用电信部门的通信线路；四是所使用的银行卡卡片、各类凭证制作成本较高；五是从业人员培训费用较高。

银行卡异地存取款收费存在的问题，一方面容易使客户误认为金融秩序混乱、银行乱收费，造成不良的社会影响；另一方面容易导致银行恶性竞争、减少收益，既不利于银行卡业务健康发展，也不利于银行商业化经营。

标题：
发文单位＋事由＋文种

主送单位

开头：
开头部分简述情况，然后以“现将有关情况报告如下”这一过渡性语句引出下文。

主体：
对存在的问题进行分析。

为此，省银行业协会建议：

1. 我国应按照国际惯例，逐步放开金融服务价格，可考虑采取取消政府定价或实行政府指导定价过渡等办法。在审批管理方面，应明确人民银行总行负责全权审批，或由人民银行授权中国银行业协会来制定收费标准。

2. 应向客户和新闻媒体做好宣传、解释工作，妥善处理有关业务问题。

3. 各省银行业协会应及时调研，掌握情况，加强与新闻和物价部门的工作协调。

特此报告。

结尾： 提出建议。

××省银行业协会

20××年×月×日

署名

成文日期

例文评析

这是一篇反映情况、提出建议的情况报告。报告正文开头部分简述情况，然后以“现将有关情况报告如下”这一过渡性语句引出下文，主体部分介绍了工作背景和对银行卡异地存取款收费问题的反映及成因分析，结尾部分提出了建议。

例文二

××集团公司关于××同志职称评定问题的答复报告

××市人民政府办公室：

接市办5月20日查询我单位××同志有关职称评定情况的通知后，我们立即进行了调查，现将有关情况报告如下：

××同志是我集团公司二分厂工程师。该同志自1982年起曾在××工学院受过四年函授教育，学习了有关课程，但其毕业证不慎遗失；同时，××工学院已于1988年外迁至××省且更名为××大学，无法直接提供××同志的学历证明。因缺乏学历证明，在今年上半年职称评定

标题： 发文单位＋事由＋文种

主送单位

正文： 首先明确答复对象和答复原因，然后以“现将有关情况报告如下”这一过渡性语句引出下文，最后直接针对询问的问题进行答复。

时，根据上级有关文件精神，我单位职称评委会决定暂缓向上一级职称评委会推荐评定他的高级工程师职称，待取得学历证明后补办。该同志认为这是刁难，因而向市政府提出了申诉。

接到市政府办公厅查询通知后，我们专程派人去××大学查核有关材料。××大学大力支持我们的查核工作，正式出具了该同志的学历证明。现在，我集团公司职称评委会已为××同志专门补办了有关评定高级工程师的推荐手续，并向该同志说明了情况。对此，他本人也表示满意。

特此报告。

××集团公司　　**署名**

20××年×月×日　　**成文日期**

例文评析

这是一篇写得较好的答复报告。正文开门见山表述接到市办查询通知并进行了调查，这是行文的背景。接着以文中承启语引出主体。主体写清××同志评定职称一事的缘由、调查和处理情况，有理有据。报告处理结果，尤其是××同志本人对处理结果的态度，是上级最关心也是本文的关键一笔，简洁明确，可令上级满意。

课后习题

一、改错题

请指出以下公文存在的问题，并改正。

关于推荐张××等三位同志参加业务学习的请示报告

×市商务发［20××］09号

市商务局：

根据市局《关于组织部分骨干参加市局业务培训的通知》精神，经我局研究决定，同意推荐王××等三位同志参加市局组织的业务培训，名单附后：

办公室主任：王××

人事科科长：刘××

财装科科长：张××

报告当否，请批示。

××县商务局

20××年×月×日

二、写作题

根据下面材料，请以××市商务局的名义向××省商务厅起草一份报告。

1. 20××年×月×日上午9时20分，××市××百货大楼发生重大火灾事故。

2. 事故后果：未造成人员伤亡，但烧毁三层楼房一幢及大部分商品，直接经济损失792万元。

3. 施救情况：事故发生后，市消防队出动15辆消防车，经4个小时扑救，火灾才被扑灭。

4. 事故原因：直接原因是电焊工××违章作业，将电焊火花溅到易燃货品上引发火灾，但也与××百货大楼管理者及员工安全意识薄弱，公司安全制度不健全，许多安全隐患长期得不到解决有关。

5. 善后处理：市商务局副局长带领有关人员赶到现场调查处理，市人民政府召开紧急防火电话会议，市委、市政府对有关人员视责任情节轻重，做了相应处理。

第五节　请示

学习目标

- 掌握请示的概念和种类
- 掌握请示的写作结构和方法
- 能够根据所给的材料写出符合要求的请示

请示是下级单位向上级单位请求对某项工作、问题做出指示，对某项政策界限给予明确答复，对某事予以审核批准时使用的一种请求性公文，是应用写作实践中的一种常用文体。

一、请示概述

1. 请示的概念

请示是“适用于向上级单位请求指示、批准”的公文。请示为上行文，具有强制回复的性质。其行文目的是请求上级单位对本单位权限范围内无法决定的重大事项、以及在工作中遇到的无章可循的疑难问题给予答复。

2. 请示的种类

根据行文目的，请示一般分为以下三类：

（1）请求指示的请示

请求上级单位对有关方针、政策、规定中难以理解或不明之处，以及在执行过程中需做变通处理的问题或涉及其他机构职权范围的问题予以回复。

（2）请求批准的请示

请求上级单位批准编制、机构设置、领导班子组成、干部任免以及经费、工作任务等问题。

（3）请求批转的请示

请求上级单位对本部门就全局性或普遍性问题所提出的解决办法予以批转各单位执行。

二、请示的结构和写法

请示一般由标题、主送单位、正文、署名和成文日期等几部分构成。

1. 标题

请示的标题有两种写法：一是由发文单位、事由和文种三部分构成；二是省略发文单位，只有事由和文种。要规范使用文种，不能用“请求”“申请”等名称替代“请示”，更不能使用“请示报告”这样错误的名称。

2. 主送单位

为直属上级单位，一般只报送一个主管领导单位。

3. 正文

正文由请示的缘由、请示的事项和结尾三部分构成。

（1）请示的缘由

首先用简明扼要的语言将请示的原因、背景和依据交代清楚。这部分是撰写请示的关键，写得是否清楚、充分，直接关系到上级单位指示、批准、审批的态度。注意不能为了简洁而忽略必要的事实和数据，要认识到事实和数据对增强说服力的巨大作用。

（2）请示的事项

若是请求指示的请示，在这里要写清遇到了什么样的问题，对哪些文件或会议精神有怎样的不理解和不同意见，要求上级单位在哪些方面或具体问题上给予明确的指示；若是请求批准、审批的请示，在这里要写清准备做什么，打算怎样去做，请求上级单位给予什么样的具体支持，需要人、财、物的具体数量和标准等。

（3）结尾

正文的结尾常以简短的文字概括请示的具体要求，再次点明主题，如“以上意见，请予批示”“以上要求，请予批准”等。结尾一般在请示事项之后另起一行书写。

4. 署名和成文日期

同通知的要求。

三、撰写请示的注意事项

第一，遵循请示的行文规定。请示在行文时必须注意以下规定：一文一事，事前行文，一般只有一个主送单位，一般不越级请示，不向领导个人请示，请示上报的同时不抄送下级，应当注明签发人、会签人姓名等。

第二，明确请示事项缘由及解决方案。这是请示的目的所在，只有表述明确具体，才能真正发挥请示的作用，以利于解决问题，推动工作开展。

提出请示事项时，应同时根据本地区、本单位的实际情况，对所请示的问题提出解决的初步意见与方案，供领导批复时参考。因此，撰写请示前要经过周密的调查研究，使提出的意见与方案具体且有针对性。

第三，使用得体的语言。请示用语既要清楚明了，又要注意温和谦恭，应多用“请”“拟”“建议”等词语，切忌生硬无礼。

第四，注意把握请示与报告的区别。

（1）请示是用于请求上级做出指示或批准某事时使用的公文，上级一般要给予答复。报告是下级单位向上级单位汇报工作、反映问题、提出建议、答复上级询问时使用的公文，上级可答复，也可不答复。

（2）请示是请求上级批准或答复，内容包括请示事项。报告重点在于汇报工作，反映情况，提出意见或建议，上级一般不予答复，所以不允许有请示事项。

（3）在报告中有时也提出要求，但这种要求一般不是要求上级单位批准本单位办某事，而是建议上级单位批转此报告到有关部门贯彻执行。报告一经批转，其执行者并不仅是原报告单位本身，还包括某一领域中某一系统的若干单位。请示一般是以批复作为答复，而且仅针对请示单位。

四、例文评析

例文一

关于在 ×× 地区建造法制宣传画廊的请示

×× 区人民政府：

为了面向社会做好本区法制宣传教育工作，增强广大人民群众的法制观念，进一步维护社会稳定，自 20×× 年以来，由区法院、检察院和司法局联合在建设路、中山路、南京路等处建造了 3 个法制宣传画廊，结合中心工作和社会治安情况，用这些画廊大力宣传社会主义法制。今年上半年，中山路因城市建设，将法制宣传画廊拆除，为保持并扩大全区的法制宣传阵地，特向区人民政府提出如下

标题：
事由 + 文种
主送单位
正文：
提出申请的理由以及解决问题的建议。

建议：

1. 在本区的幸福街道另建一个法制宣传画廊，请区城建办和幸福街道办事处支持，协助择址、申办证照等。

2. 因宣传画廊建造费用提高，申请拨给专项经费 5 000 元。

妥否，请批复。 **结束语**

××市××区××局 **署名**

20××年×月×日 **成文日期**

例文评析

这是一则请求批准的请示，用简明扼要的语言将请示的原因、背景和依据交代清楚，并根据实际情况，对所请示的问题提出解决的初步意见，供领导批复时参考。

例文二

××公司广州分公司关于招聘新员工的请示

标题： 发文单位＋事由＋文种

总公司人事部： **主送单位**

正文： 提出招聘的原因和要求。

由于我分公司业务的发展，急需增聘副经理 1 名，具有大学专科以上学历的业务员 3 名（其中女性 2 名）。副经理拟刊登报纸广告向社会公开招聘，业务员拟从今年大专院校毕业生中招聘。

可否，请批复。 **结束语**

××公司广州分公司 **署名**

20××年×月×日 **成文日期**

例文评析

这是一则请求批准的请示，篇幅虽短，但却包含了请示的缘由、事项、要求，内容完整。

课后习题

一、改错题

请指出以下公文存在的问题，并改正。

关于申报教学设备购置经费的报告

×市教育局：

为了迎接省教育厅今年下半年对职业技术学院实验室进行专项评估，加强电化教学，我校计划今年建立直播教室及多媒体教室。为此，特申请教学设备购置经费一百万元。

×年×月×日

二、写作题

请以班级的名义向学院学生处拟写一份申请经费购买体育器材的请示。申请理由、器材种类、器材费用等可自拟。

第六节　函

学习目标

- ◆ 掌握函的概念和种类
- ◆ 掌握函的写作结构和方法
- ◆ 能够根据所给的材料写出符合要求的函

函，从广义上讲，就是信件，是人们传递和交流信息的一种常用书面形式。但是，作为公文法定文种的函，超出了一般书信的范畴，不仅用途更为广泛，最重要的是赋予了其法定效力。正确认识函的法定效力，充分了解函的使用范围，认真研究函的写作规范，对准确使用函这个文种，提高公文写作质量，是十分必要的。

一、函概述

1. 函的概念

函是“适用于不相隶属单位之间相互商洽工作，询问和答复问题，请求批准和答复审批事项”的公文。所谓不相隶属，是指没有直接的上下级关系，所以函是平行文。

2. 函的种类

按目的不同，函可分为以下四类：

（1）告知函

告知函是主动将有关信息（如问题、意见、情况）告知对方的函件。

（2）商洽函

商洽函是不相隶属单位之间商洽工作的函，如洽谈人员培训、人事调转、产权交易、商品买卖等均可使用商洽函。

（3）问复函

问复函是向有关单位询问、答复有关问题和情况的函。有隶属关系的上下级之间，上级可用函询问，但下级不能用函答复，而应以报告的形式予以答复。

（4）请准函

请准函是请求批准函和审批函的合称，是向不相隶属的主管部门请求批准或用来答复审批事项的函。

二、函的结构和写法

函一般由标题、主送单位、正文、署名和成文日期等几部分构成。

1. 标题

函的标题一般有两种形式：一种是由发文单位、事由和文种构成，如“××省体育运动委员会关于询问举办全省农民运动会有关比赛的函”；另一种是由事由和文种构成，如“关于申请拨款维修××局办公室的函”。

2. 主送单位

即受文并办理来函事项的单位。

3. 正文

其结构一般由发文缘由、主要事项、结尾等几部分构成。

（1）发文缘由

一般要求概括交代发函的目的、根据、原因等内容，然后用“现将有关问题说明如下”“现将有关事项函复如下”等过渡语转入下文。复函的缘由部分，一般首先引述来文的标题、发文字号，然后再交代根据，以说明发文缘由。

（2）主要事项

这是函的核心内容部分，主要说明致函事项。函的事项部分内容单一，一函一事，行文要直陈其事。无论是商洽工作、询问和答复问题，还是向有关主管部门请求批准事项等，都要用简洁得体的语言把需要告诉对方的问题、意见叙写清楚。如果属于复函，还要注意答复事项的针对性和明确性。

（3）结尾

通常应根据函询、函告、函商或函复的事项，选择运用不同的结束语。商洽函的结束语常用“恳请协助”“望大力协助，盼复”等，询问函的结束语常用“请速回复”“请予复函”等，答复函的结束语常用“此复”“特此函复”等，请准函的结束语常用“请审查批准”“当否，请审批”等。

4. 署名和成文日期

同通知的要求。

三、撰写函的注意事项

第一，措辞得体，格式规范。函是平行文，无论是商洽工作还是询问情况，文辞都不能像私人信件那样随意，要措辞得体，格式规范。

第二，态度诚恳，语气谦和。除请求批准函的复函外，大多数函对受文单位没有行政约束力。相互的关系和行文目的决定了函的用语要谦和，态度应诚恳，切忌发号施令或语气生硬。

第三，注意把握请示与请求批准函的区别。在公文撰写中，请示与请求批准函有严格的区别，体现在：

（1）类型不同

请示是上行文，请求批准函是平行文。

（2）主送单位不同

请示的主送单位是具有领导、指导关系的上级，请求批准函的主送单位是平行

或不相隶属的职能单位。

（3）内容范围不同

请示是请求批准、指示，请求批准函是请求批准某个职能事项。

（4）行文语气不同

请示的用语应尊重上级单位，请求批准函应互相尊重。

（5）办复方式不同

请示的事项由上级单位批复下级单位，请求批准函的有关批准事项由受文单位复函（审批函）。

四、例文评析

例文一

××集团公司关于商洽委托代培涉外秘书的函	**标题：** 发文单位＋事由＋文种
××大学文学院：	**主送单位**
本集团公司新近上岗的秘书缺乏专门的涉外秘书知识，业务素质亟待提高。据报载，贵院将于今年9月开办涉外秘书培训班，系统讲授涉外秘书业务、公关礼仪、实用文书写作等课程。为能尽快提高本集团公司涉外秘书的业务素质，我们拟选派8名在岗秘书委托贵院代培，随该班进修学习，有关代培费用及其他相关经费，将按时如数拨付。	**正文：** 说明致函事项，希望××大学文学院能够代培公司涉外秘书。
妥否，请函复为盼。	**结束语**
××集团公司	**署名**
20××年×月×日	**成文日期**

例文评析

这是一则不相隶属单位之间用于洽谈业务的函。本文思路清晰，环环相扣，逻辑性强。“贵院”“请函复为盼”一类具有谦敬意味的词句，体现了商洽函的语体特征。

例文二

关于××超市总公司商租××商厦五楼的复函

××超市总公司：

贵公司《关于商租××商厦五楼的函》（××超函〔20××〕20号）收悉，经研究，现答复如下：

贵公司欲租我商厦五楼闲置楼面开设超市，这既方便了顾客购物，又有利于盘活我商厦闲置资源并扩大我商厦的经营规模与商品种类，因此，我商厦期待与贵公司进行合作。具体租金请贵公司来人面洽。

特此函复。

××商厦

20××年×月×日

标题：
发文单位＋事由＋文种

主送单位

正文：
引述对方来函标题和发文字号，这是对发文缘由的提示，主体部分答复事项。

结束语

署名

成文日期

例文评析

这是一则答复对方商洽事项的函。正文开头引述对方来函标题和发文字号，以此作为复函缘由，继而用“经研究，现答复如下”一语过渡到主体部分。主体部分先概括对方来函所商洽的事项及意义，既是对来函的回应，又表达了自己的态度。紧承这句，做出愿意合作的表态，并提出面谈要求。本文针对性强，态度诚恳，表述严谨，行文规范。

例文三

广州××教研室关于询问承办市属技校学生运动会有关项目的函

广州××技师学院：

市属技校学生运动会各项目的比赛分散在各校举行，拟请你校承办篮球、田径两项目的比赛。能否承办，希于6月1日前答复。

广州××教研室

20××年×月×日

标题：
发文单位＋事由＋文种

主送单位

正文：
提出询问事项及要求。

署名

成文日期

例文评析

这是一则询问函，“关于询问……”是这类函常用的说明事由的标题形式。正文只有短短的两句话，第一句写明询问事项，第二句写明答复要求。由于主体部分已经写明答复要求，最后没有再写这类函常用的结束语。

课后习题

一、改错题

请指出以下公文存在的问题，并改正。

关于联系教师进修的函

×× 大学教务处：

首先让我们以 ×× 市公关学校的名义，向贵处表示衷心的感谢，过去为我校办学给予了很大的帮助。目前我校又面临一个很难解决的问题。

原来事情是这样的：我校开办不久，师资力量很差，决定派 15 位年轻教师到贵校旁听进修一年。我校与有关部门多次商量；但 15 位年轻教师进修住宿问题，至今也没有得到解决。提高教学质量的关键是师资。为提高我校教育质量，恳请贵处设法在贵校给解决住宿问题。但不知贵处是否有什么困难。如果需要我校给贵处办什么事情，请尽管提出，我校会竭力去办。再说一句，贵处如能解决我校进修教师住宿问题，我们以我校领导的名义向贵校领导深深地表示谢意。

致以崇高的敬礼

×× 市公关学校
20×× 年 × 月 × 日

二、写作题

请根据以下材料，撰写去函和复函各一份。

× 高校 × 届涉外文秘专业学生按教学计划要到 ×× 单位进行为期一个月的实习。实习内容：会务接待。实习时间：20×× 年 5 月 25 日—6 月 25 日。实习人数：30 人。食宿安排：自行解决。实习费用：按有关文件规定付给对方。按上述内容，以学校之名给 ×× 单位写一份公函，然后再以 ×× 单位之名，给学校写一份回函作答复。

第七节　决定

学习目标

- 掌握决定的概念和种类
- 掌握决定的写作结构和方法
- 能够根据所给的材料写出符合要求的决定

决定是一种具有指挥性和约束性的下行公文，往往对下级工作有重要指导作用，下级必须予以服从和执行，不得违反。

一、决定概述

1. 决定的概念

决定是“适用于对重要事项作出决策和部署，奖惩有关单位及人员，变更或撤销下级单位不适当的决定事项”的公文。

2. 决定的种类

按照发文目的不同，决定可分为以下几类：

（1）指挥性决定

指挥性决定一般是对重要事项或重大行动做出决策部署，提出规定要求的决定。这类决定对于单位或个人的工作活动、行为规范具有很强的指导和约束作用，往往是经过反复研究、讨论、修改才能定稿，而且需要将政策法规讲透彻，对工作活动、行动安排做比较详尽的说明，因而篇幅较长，同时用语肯定、明确，具有明显的强制性。

（2）奖惩性决定

奖惩性决定主要用于对有突出贡献的先进集体或个人的表彰，以及对犯有重大错误的单位或人员的处分。一般来说，决定的奖惩规格比表彰或批评通报高。

（3）知照性决定

知照性决定主要用于告知重大事项，即不要求受文单位具体处理什么，只是需要受文单位知晓。

二、决定的结构和写法

决定一般由标题、主送单位、正文、署名和成文日期等几部分构成。

1. 标题

决定的标题由发文单位、事由和文种三部分构成。需要注意的是，如果是会议通过的决定，应在标题之下居中位置以括号注明批准或通过该决定的会议名称及通过时间。

2. 主送单位

决定是下行文，主送单位可为单个，也可为多个。

3. 正文

决定的正文主要包括发文缘由和决定事项两个方面。

（1）发文缘由

即撰写决定的依据，一般是依据有关法律法规或工作中的具体情况。

（2）决定事项

一般包括具体实施的原则、步骤、方法等，如果是关于事件处理、人员表彰（或处分）的决定，则应写明事实及组织处理的结果。

4. 署名和成文日期

署名和成文日期一般同通知的要求。若属会议通过的决定，日期用圆括号置于标题之下。

三、撰写决定的注意事项

第一，决定的行文目的要具体明确。一般来说，决定所涉及的事项和工作都具有较强的指导性和约束力，决定做出后，下级必须遵照执行，不得违背。因此，决定在行文前应认真研究，行文应目的明确、内容具体，以便于理解和执行。

第二，决定的用语要严肃谨慎。由于决定对于下级具有指导和约束的作用，讲究庄重性、严肃性，因此语言的运用必须谨慎，既不能含糊其辞，也不能产生歧义。

四、例文评析

例文

例文	评析
××公司关于表彰20××年度先进集体和先进个人的决定	**标题：**发文单位＋事由＋文种
所属各单位、各部门：	**主送单位**
20××年是我公司参与激烈市场竞争、接受严峻挑战和考验的一年。一年来，面对原材料涨价、运力不足、银根紧缩等不利因素，公司全体干部职工团结一致，群策群力，艰苦奋斗，开拓进取，涌现出了一大批敢于创新、成绩突出的先进集体和爱岗敬业、甘于奉献的先进分子。为了鼓励先进，树立典型，激发干部职工在逆境中奋勇向前的热情，推动全公司整体工作再上新台阶，经公司研究决定，对技术部等5个先进集体和赵××等20位先进个人予以表彰奖励。 希望受表彰的先进集体和先进个人要谦虚谨慎，戒骄戒躁，再接再厉，再创佳绩。公司号召全体干部职工虚心学习他们的先进经验，胸怀全局，积极探索，勤恳踏实，奋勇争先，以严谨的科学态度、扎实的工作作风和敢为人先的创新意识，为公司早日实现装备现代化、经营国际化、管理科学化、产品精尖化的战略目标而努力奋斗。	**正文：**提出表彰事由和表彰决定，并对受表彰人员和其他人员提出了具体希望和要求。
附件：1. 20××年度先进集体名单 2. 20××年度先进个人名单	**附件**
××公司	**署名**
20××年×月×日	**成文日期**

例文评析

这是一则表彰决定，用于对公司有突出贡献的先进集体和个人进行表彰奖励。本文首先说明发文的目的和意义，然后写明决定事项（即表彰结果），结尾提出希望和要求，内容清晰，层次分明，语言富有感染力和号召力。

课后习题

一、改错题

请指出以下公文存在的问题，并改正。

××县人民政府表彰决定

各乡、镇人民政府，各县有关单位：

近年来，在党的十九大精神和习近平有中国特色社会主义思想引领下，我县认真贯彻党的教育方针，不断深化教育改革，积极推进素质教育，教育教学质量和水平明显提高，涌现出一大批优秀教育工作者和尊师重教先进单位、尊师重教先进个人。为表彰先进，鼓励广大教育工作者献身教育事业，努力在全社会进一步形成尊师重教的良好氛围，县政府决定，对苏明高等180名优秀教育工作者和××镇人民政府等10个尊师重教先进单位、李波等10名尊师重教先进个人进行表彰。

希望受表彰的单位和个人珍惜荣誉，总结经验，戒骄戒躁，为教育事业的改革与发展再立新功。全县广大教职工要向受表彰的优秀教育工作者学习，进一步增强责任心，扎实做好本职工作，切实加强师德修养，不断提高综合素质，进一步发扬艰苦奋斗、勇于开拓、无私奉献的精神，为社会培养出更多、更好的现代化建设人才。全县广大干群要以尊师重教为荣，切实做好尊师重教工作，为我县教育事业的快速发展作出应有的贡献。

特此决定

20××年九月八日

二、写作题

请根据以下材料，撰写表彰决定。

20×× 年年初，×× 建工集团股份有限公司传来喜讯，×× 分公司承建的省中医院南扩工程、省美术馆新馆工程、第一人民医院综合病房楼工程通过省文明工地检查验收。

这些工程一是体量大。省中医院南扩工程建筑面积超过 10 万平方米，工程造价超过 1 亿元；省美术馆新馆工程建筑面积为 2.7 万平方米，工程造价 6 500 多万元；第一人民医院综合病房楼工程建筑面积为 4 万平方米，工程造价 5 200 多万元。二是知名度高。省中医院南扩工程和省美术馆新馆工程为省重点工程，第一人民医院综合病房楼工程为市重点工程。三项工程自开工以来，省、市领导都高度重视，多次亲临工地检查指导工作，日前三项工程同时通过了省文明工地的验收。为此，集团总部特发文对 ×× 分公司予以表彰，并希望集团各所属公司进一步强化规范施工、文明施工的制度建设和执行力度。

第八节　意见

学习目标

- ◆ 掌握意见的概念和种类
- ◆ 掌握意见的写作结构和方法
- ◆ 能够根据所给的材料写出符合要求的意见

意见在工作中的使用比较灵活，其作用主要是对重要问题提出见解和处理办法，是对没有先例或没有现成经验的新情况、新问题提出具有方向性、指导性的原则或方法。

一、意见概述

1. 意见的概念

意见是“适用于对重要问题提出见解和处理办法”的公文。意见可以用于上行文、下行文和平行文。但在实际工作中，多数情况还是用于下行文。

2. 意见的种类

按照不同的行文方向，意见可分为以下几类：

（1）指导性意见

指导性意见是指上级直接向下级布置任务，对重要问题提出指导性原则、见解、办法的意见。这类意见在行文方式上都是采取直达的方式。

（2）建议性意见

建议性意见是指下级单位或部门就自己主管的工作内容向直接的上级提出的建议执行的意见。这类意见通常要求上级审核，如同意，则建议批转给有关对象执行，在行文方式上采取了呈转的方式。

（3）参考性意见

参考性意见是指不相隶属单位或组织，就某项工作进行调研后，将评估、鉴定的结果提交给有关方面供其参考的意见。这类意见在行文方式上也是采取直达的方式。

二、意见的结构和写法

意见由标题、主送单位、正文、署名和成文日期等几部分构成。

1. 标题

意见标题包括两种类型：一是由发文单位、事由和文种构成，如“教育部关于职业院校试行工学结合、半工半读的意见”；二是由事由和文种构成，如“关于涉农专业教学管理的意见”。有时意见的前面会加上限定语，构成“指导意见”“处理意见”等。

2. 主送单位

如果是下行的意见，一般是多个主送单位。有时还可省略主送单位，而在“附注”处标明行文范围。

如果是平行的意见，则直接送达有关单位或组织。

如果是上行的意见，则呈送给直接上级。

3. 正文

正文一般包括发文缘由、意见事项和结尾三个方面的内容。

（1）发文缘由

简明扼要地阐述发文的目的或依据、重要性等。

（2）意见事项

可采用条款的形式，逐一写明意见的内容，如指导思想、对问题的看法、解决的办法等。

（3）结尾

可提出执行的要求和希望。有的意见没有专门的结尾，主要内容写明后就结束。

4. 署名和成文日期

同通知的要求。

三、撰写意见的注意事项

第一，要合理使用意见。决定、通知、意见都适用于向下级布置工作、提出要求，要根据具体情况加以区分，合理使用。一般来说，决定适用于对重要事项或重大行动做出安排，事由重大，往往是一项新工作或者新政策；通知适用于布置普遍性的工作，要求具体，操作性强；意见适用于对重要问题提出见解和办法，具有方向性和指导性。

第二，要有明确的看法、办法。提出意见是对工作予以指导或提供参考，因此所提的看法、做法应具体、明确，要求和措施应切实可行。

四、例文评析

例文

××集团公司党委关于全面贯彻落实科学发展观的指导意见

所属各单位、各部门：

为了解放思想，开阔思路，进一步增强全体党员干部的宗旨意识、忧患意识、机遇意识、责任意识、市场意识、创新意识，党委决定在全体党员干部中全面开展学习实践

标题：
发文单位＋事由＋文种

主送单位

正文：
开头提出了制定本意见的原因及其重要性。

科学发展观活动，深刻认识开展学习实践活动的重大意义，更加自觉、更加坚定地贯彻落实科学发展观，真正把科学发展观转化为推动发展的坚强意志、谋划发展的正确思路、促进发展的有效措施。

一、深入学习实践科学发展观，处理好港口发展与生产之间的关系。我们要对港口腹地的经济发展，对外贸易，港口吞吐量的增长，集装箱矿石、硫黄、钢材等大宗散货运量的变化趋势进行探索研究，既要注重眼前利益，又要兼顾长远利益，做到局部和整体并重。

主体部分采用条款形式提出了具体贯彻落实科学发展观的意见。

二、深入学习实践科学发展观，处理好内部改革与加强管理的关系。我们要不断深化内部改革，通过内部改革和加强管理充分调动员工的积极性，形成一个发展靠实干、岗位靠竞争、收入靠贡献的良好氛围。我们要加强制度建设，要靠制度管人、管事、管权，全面推进廉政文化进企业，弘扬企业精神，进一步优化港口营商环境。

三、深入学习实践科学发展观，处理好“争创”工作与改革发展的关系。今年是省市文明单位的申报年，我们既要完成董事会下达的经营目标任务，又要全面推进物质文明、政治文明和精神文明建设，三个文明相互促进、相互发展。通过创建活动提升企业形象，提高员工队伍的素质，确保港口和谐稳定。

四、深入学习实践科学发展观，处理好经济效益和环境保护之间的关系。在提高市场竞争力和经济效益的同时，要重视和注意环境保护，结合生产特点，既要降低能源消耗，又要减少环境污染，努力营造良好的工作环境和生活环境，切实维护正常的工作秩序。

本意见是对各部门全面贯彻落实科学发展观的总体要求，各单位、各部门都要根据意见制定具体的实施方案和办法，确保落实，抓出成效。

结尾部分提出了具体要求。

××集团公司党委

20××年×月×日

署名

成文日期

例文评析

这是一则指导性意见，是上级对下级就重要问题提出指导性原则、办法、要求等，主要是在方向上予以把握，是总体要求，不是具体的执行方案、操作方法。本文开头简要说明发文目的，主体部分主要从处理好学习重要性、目标、任务、要求等方面予以详尽阐述，充分体现出对工作的指导作用。

课后习题

一、改错题

请指出以下公文存在的问题，并改正。

××镇关于处理泥石流事故的意见

××县人民政府：

由于我镇近期连续遭受暴雨袭击，×月×日下午，位于清台山东侧的山体出现大规模泥石流；除毁林近百亩外，还使位于山下的平山村的5户农房被毁，4头牲畜死亡；幸好泥石流发生在白天，故无人员伤亡。为处理好这一事故，特提出如下意见：

一、清台山山体仍有发生泥石流的可能，加之平山村地处山区，远未脱贫，建议干脆将该村的全部300户村民迁往山外安置，请国家按三峡移民迁建政策，给这300户村民予以一次性补贴。

二、请上级速派有关专家来现场排除泥石流险情，若排险成功，我镇可酌情给有关专家做小小的表示。

三、请上级顺便给我镇拨10万元排险救灾款。

××镇政府

20××年×月×日

二、写作题

请以班级名义，在小组讨论的基础上，就学校文体活动开展情况列出具体意见反馈给教务处。

第九节　会议纪要

学习目标

- ◆ 掌握会议纪要的概念和种类
- ◆ 掌握会议纪要的写作结构和方法
- ◆ 能够根据所给的材料写出符合要求的会议纪要

“纪”有综合、整理的意思，“要”指要点。会议纪要是在会议记录等材料的基础上整理而成的，通常要在一定范围内传达或传阅，具有法定效力，要求贯彻执行，是一个具有广泛实用价值的文种。

一、会议纪要概述

1. 会议纪要的概念

会议纪要是“适用于记载和传达会议情况和议定事项”的公文，产生于会议后期或者会后，属纪实性公文。会议纪要是根据会议情况、会议记录和各种会议材料，经过综合整理而形成的概括性强、凝练度高的文件。

会议纪要的主要作用如下：一是对会议过程和所做决定事项给予确认；二是向上级报告会议的有关情况；三是作为向下级传达会议精神的依据；四是以“纪要”的形式显示“决议”的内容和功能，对纪要所涉及的工作产生规范性的作用。

2. 会议纪要的种类

按会议纪要的形式划分，可分为工作会议纪要、座谈会议纪要、办公会议纪要、联席会议纪要、协调会议纪要等。

按会议纪要的内容性质划分，可分为决议性会议纪要、部署性会议纪要、情况性会议纪要。

二、会议纪要的结构和写法

会议纪要的写法因会议内容与类型不同而有所区别。就总体而言，会议纪要由标题和正文构成。在结构上与其他公文不同的是，会议纪要没有主送单位和署名，成文日期多写在标题下方，且不盖公章。

1. 标题

会议纪要的标题一般由会议名称和文种构成，如“全市政法工作会议纪要”“×× 大学思想政治工作会议纪要”。有的标题由正标题和副标题构成，正标题反映会议的主要精神和内容，副标题写明会议名称和文种，如“探讨新时期文学的发展——中国当代文学研究会第二次学术讨论会纪要”。标题下面以会议结束的日期作为成文日期，并加圆括号。

2. 正文

会议纪要的正文大多由导言、主体和结尾构成。具体写法依会议内容和类型而定。

（1）导言

导言主要用于概述会议基本情况，其内容一般包括会议名称、会期会址、参加人员、主持人和会议议程等。常见的写法有两种：

1）平列式。将会议的时间、地点、参加人员、主持人和会议议程等基本情况采用分条列出的写法。这种写法多见于办公会议纪要。

2）鱼贯式。将会议的基本情况作为一段概述，使人看后对会议有一个轮廓性的整体了解。

（2）主体

主体是会议纪要的核心部分，主要介绍会议议定事项。常见的写法有三种：

1）条文式。就是把会议议定的事项分点写出来。办公会议纪要、工作会议纪要多采用这种写法。

2）综述式。就是将会议所讨论、研究的问题综合成若干部分，每个部分谈一个方面的内容。较复杂的工作会议或经验交流会议纪要多采用这种写法。

3）摘记式。就是把与会人员的发言要点记录下来。一般在记录发言人首次发言内容时，在其姓名后用括号注明发言人所在单位和职务。为了便于把握发言内容，有时根据会议议题，在发言人前面冠以小标题，在小标题下写出发言人的姓名。一些重要的座谈会纪要常采用这种写法。

（3）结尾

结尾部分提出希望和要求，也可省去不写。有的会议纪要在结尾处感谢会议的东道主以及支持会议的单位。

三、撰写会议纪要的注意事项

第一，重点突出，条理清晰。“纪要”重在“要”字，不能面面俱到，而是在全面掌握会议情况、正确领会会议精神的基础上，抓住重点、要点，把会议的主要精神、重要事项反映出来。在语言表达上，以叙述为主。语言要精练、通俗，篇幅一般不宜过长。

第二，要善于归纳整理。对会议所产生的各种意见要认真分析，按照会议宗旨加以归纳整理，注重内容的条理性。分歧较大的意见，不应写入会议纪要。要根据会议内容及规模，选用恰当的写作结构，结构安排要合乎逻辑，条理清晰。

第三，要注意使用习惯用语。会议纪要常常以“会议”为第三人称记述会议内容，常使用“会议认为”“会议提出”“与会者一致认为”“会议决定”“会议要求”“会议希望”“会议号召”等作为层次或段落的开头语。

第四，注意与会议记录的差别。会议纪要和会议记录既有密切联系，也有显著区别。会议纪要以会议记录为基础和依据，表现会议的主要内容；会议记录则是如实记录。另外，会议记录只作为单位内部存查使用的文书，不对外公布；会议纪要则在一定范围内公布传达，并作为正式党政公文使用。

四、例文评析

例文

××××学院教学工作会议纪要

（20××年×月×日）

20××年×月×日，学院召集教务处、教研督导室、各系（部）分析研究了学院近期的教学工作问题。

主管教学工作的副院长××主持会议。参加会议的有×××、×××等主任，现就会议确定事项纪要如下：

一、常规教学工作。会议指出，南院区课堂秩序有所

标题：
发文单位＋会议名称＋文种

正文：
交代了会议的时间、内容、主持人和与会人员等基本情况。

松懈，北院区学生迟到现象严重。会议要求，各系（部）增加巡堂检查次数，关注教师教学、学生学习情况；督促任课教师做好课堂管理工作。

二、教学大纲编写。会议要求，针对部分课程无教学大纲、课程进度表中实施课时与教学大纲规定课时不一致、个别课程名称变更、考试形式改变等情况，各系（部）要查缺补漏，重新编写课程大纲并组织好审核工作。各系（部）要搜集任课教师对教学大纲资源库使用意见并及时反馈意见。负责新课程大纲编写任务的教师名单，于6月17日前提交教务处。

纪要事项采用条文形式，把会议议定的事项分点写出来。

三、排课工作。会议要求，各系（部）于6月17日前向教务处提交排课表。排课需要注意以下几个问题：减少教师上课课程门类，集中教师上课校区，考虑班主任工作校区，进行课程大纲编制的教师尽量承担本课程教学任务，认真考虑考证课程任课教师人选，尽量区别中、高职部任课教师，考虑因考证需要合班上课情况，确定选修课任课教师和教学班人数。

四、实训基地建设。会议要求，相关系（部）做好南院区1号楼实训室搬迁、安置工作；各系（部）按照工作站思路规划北院区实训基地，提高其利用率。

五、推进课改工作。会议指出，我院成为一体化课改省试点学校，学院将对一体化课改任课教师进行培训。会议要求，各系（部）集思广益应对一体化课改，做好课改论证等相关准备工作。

例文评析

这是一篇条文式的工作会议纪要。导言部分非常简要地介绍了会议的基本情况（会议的时间、主持人和出席人员），在文中的承启语后，分条列项地写明了会议议定的几个方面事项。全文层次分明，指导思想明确，语言通顺。

课后习题

一、改错题

请指出以下公文存在的问题，并改正。

现场办公会议纪要

20×× 年 × 月 × 日，区委常务副书记 ×××，区政府常务副区长 ×××，在 ×× 镇召开了审批商业、服务业网点现场办公会。区委、区政府以及有关委、办、局、公司和镇党委等单位负责同志参加了会议。会上，听取了 ×× 镇党委书记 ××× 同志“关于 ×× 镇 × 年至 × 年第三产业发展规划”的汇报。然后，与会人员赴现场查看了商业服务网点建设用地情况。

一、同意在 ××× 至 ×× 街地段建设商业街。××× 地段现在即可施工，×× 街地段因有移树问题，待春季再动工。

二、同意将 ××× 街至 ××× 地段两侧建成商业街。有关事宜要与邻近单位协商好，建设网点临时设施要让开地下管道，保护好路旁树木。同时对 ××× 商业摊位也要整顿。

三、原则同意在 ××× 街北段两侧建设商业街。新建商业服务网点临时设施，待公路修好后施工。

四、同意将 × 大街建成便民服务街。可采取城乡结合，以 ×× 镇与 ××× 农工商联合公司联合兴办的形式进行建设。此事请 ××× 同志牵头，做好城乡双方的谈判工作。

二、写作题

请将下面的会议记录整理成会议纪要。

×× 公司项目会议

时间：20×× 年 9 月 1 日

地点：公司会议室

出席人：公司各部门主任

主持人：李 ×（公司副总经理）

记录人：王 ×（办公室主任）

一、主持人讲话：今天主要讨论一下“中国办公室”软件是否投入开发以及如何开展前期工作的问题。

二、发言

技术部朱 ××：类似的办公软件已有不少，如微软公司的 Word、金山公司的 WPS，以及众多的财务、税务、管理方面的软件。我认为首要问题是确定开发方向，如果没有特点，千万不能轻易动手。

资料部祁 ××：应该看到的是，办公软件虽然很多，但从专业角度而言，大多不是很规范。我指的是编辑方面的问题。如 Word 中对于党政公文这一块就干脆忽略掉，而书信这一部分也大多是英文习惯，中国人使用起来很不方便。WPS 是中国人开发的软件，在技术上很有特点，但其应用文的编辑功能十分薄弱，离专业水准很远。我认为我们定位在这一方面是很有市场的。

市场部唐 ××：这是在众多航空母舰中间寻求突破，我认为有成功的希望，关键的问题就是必须小巧，并且速度极快。因为我们建造的不是航空母舰，这就必须考虑到兼容问题。

各部门均同意立项，初步的技术方案将在 10 天内完成，资料部预计需要 3 个月时间完成资料编辑工作，系统集成需要 20 天左右，该软件预计将于元旦投放市场。

散会。

part

02

第二章 事务文书

事务文书是党政机关、社会团体、企事业单位或个人在处理日常事务时用来沟通信息、总结经验、探究问题、指导工作、规范行为的实用性文书。由于事务文书的应用范围很广，使用频率较高，又被称为常用文书。

常见的事务文书有计划、总结、规章制度、简报、述职报告、启事、条据等，用于贯彻政策，指导工作；沟通情况，联系工作；积累和提供资料；宣传教育，检查督促等。

要写好事务文书需做到：以方针政策为指导，以法律规定为依据；深入调查研究，获取真实材料；注重格式的规范性，注意语言的准确简练。

单元内容分配

模块	课程内容	授课课时
必修模块	启事、海报	2 课时
	便条、条据	2 课时
	计划	2 课时
	总结	2 课时
	证明信	2 课时
	介绍信	2 课时
选修模块	简报	2 课时
	述职报告	2 课时
	规章制度	2 课时

第一节　启事、海报

学习目标

- 掌握启事、海报的概念和种类
- 掌握启事、海报的写作结构和方法
- 能够根据所给的材料写出符合要求的启事、海报

“启”是“陈述”的意思，“事”即“事情”。启事就是公开陈述事情，是一种公告性的应用文。单位或个人，凡有事情要做公开说明以求大家协助的，都可写成启事公布出来，或者登在报刊上。

“海报”这一名称，最早起源于上海。旧时，上海人通常把职业性的戏剧演出称为“海”，而把从事职业性戏剧表演称为“下海”。作为剧目演出信息的具有宣传性的招徕顾客的张贴物，人们便把它叫作“海报”。

一、启事和海报概述

1. 启事概述

（1）启事概念

启事是各级机关、社会团体、企事业单位或个人向公众说明事实或希望协办的一种诉求性文书，通常张贴在公共场所或者通过报纸、广播、电视、网络等媒介传播。

（2）启事种类

按不同的分类标准，启事有不同的种类：

按内容划分，可分为寻找类启事，如寻人、寻物启事等；声明类启事，如作废、辨伪、迁移、更名、更期、更正、开业启事等；征招类启事，如招聘、招生、招标、招领、征集、征婚、换房启事等。

按公布方式划分，可分为张贴启事、报刊启事、广播启事、电视启事等。

2. 海报概述

（1）海报概念

海报是预报有关影视剧、表演、竞赛、讲座、联欢、节庆、展览等较大型的活动，吸引、鼓励公众参与的一种招贴性应用文。

（2）海报种类

按不同的分类标准，海报有不同的种类：

按内容划分，可分为电影海报、文艺晚会或杂技表演海报、体育比赛海报、学术报告海报、个性海报等。

按制作方式划分，可分为印刷型海报和手写型海报。

二、启事和海报的结构和写法

1. 启事的结构和写法

（1）标题

用大于正文的字体标示，居中。有以下几种形式：

1）只写文种，如“启事”。

2）内容（事由）+ 文种，如“征婚启事”。

3）告启者名称 + 事由 + 文种，如“× × 公司招聘启事”。

4）具体事由，如“招聘女工”。

（2）正文

启事的具体内容就是要向公众说明的情况。要求真实、准确，有条理，简明扼要。

1）开头。发布启事的目的、缘由。

2）主体。说明具体事项，不同的启事有所区别：如招聘启事，要讲明招聘对象、拟聘岗位、人数、条件要求、薪金待遇、报名方法、地点、日期等；招领启事，要写明所拾物品的时间、地点，物品名称，让失主在什么时间、到什么地点认领等，但不能说明物品的数量、特征，以防冒领。

3）结尾

写清单位地址、接待电话、有效时间等，如主体已涉及，则可不写。

结尾处可以写上“此启”或“特此启事”之类的结束语，也可省略不写。

（3）署名和成文日期

写清启事发布者名称和发布日期。组织名称如已在标题或正文中出现，也可不署；如登载在报刊等容易辨识时间的媒体上，日期可以省略。

2. 海报的结构和写法

（1）标题

有以下几种形式：

1）只写文种，如“海报”。

2）活动的内容，如“舞讯”“影讯”“球讯”等。

3）一些描述性的文字，可以突出活动主角，着意突出主要人物的身份、地位、知名度、精彩技艺等，如“网络专家现身说法”“体操王子一展惊人绝技”；可以突出活动主旨，如支援希望工程演出的标题“献出您的爱心”“期待您的支持”；可以突出活动特色，如广州纪念冼星海音乐会的标题“万人同场唱《黄河》”，南国书香节的标题“东西南北中，南国书香浓”等。

（2）正文

海报在正文中要表现以下内容：

1）活动的目的和意义。

2）活动的主要项目、时间、地点等。

3）参加的具体方法及一些必要的注意事项等。可以根据具体情况、版面设计等因素，省略部分内容。

（3）署名和成文日期

署上主办单位的名称及海报的发文日期。

三、撰写启事和海报的注意事项

1. 撰写启事的注意事项

第一，标题要醒目，居中书写，准确概括文中主要内容。

第二，一事一启，针对性强，有关事项陈述清楚。

第三，语言简洁、清晰，没有歧义。重点要突出，篇幅不宜过长，否则读者会缺乏耐心看完全文。

2. 撰写海报的注意事项

第一，交代清楚活动的时间、地点及主要内容。

第二，语言简洁明了，篇幅短小精悍，可选择具有一定鼓动性的词语，但不可夸大事实。

第三，版式精美，可以进行一些艺术处理使之具有较强的视觉冲击力。如采用色彩鲜艳的纸张，用彩色颜料笔书写文字并配上图片，以鲜明、美观的画面吸引读者。

四、例文评析

例文一

诚聘	**标题：** 事由
为适应本公司业务发展的需要，诚聘电工三名。	**开头：** 写清招聘目的和招聘对象。
要求： 1. 男性，35 周岁以下； 2. 持有电工证； 3. 责任心强，有两年以上相关工作经验，熟悉强电改造业务。	**主体：** 将招聘要求，包括年龄、技能证明、工作经验等，分条列项地写清楚。
有意者请备简历、电工证复印件、身份证复印件、一寸相片一张，在见报之日起三日内与本公司人事部联系面试事宜。 公司地址：×× 市 ×× 路 ×× 商业大厦六楼 联系电话：×××××××× 联系人：× 小姐	**结尾：** 写出应聘方式、证件要求及联系方式。
×× 房地产开发公司	**署名**
20×× 年 × 月 × 日	**成文日期**

例文评析

这是一则征招类启事，较有条理地写明了招聘的目的和对象、应聘条件、应聘办法、联系方式等信息。文章具有思路清晰、简明扼要的特点。

例文二

寻物启事	**标题：** 事由 + 文种
3 月 23 日晚 8 点左右，本人在 ×× 路 × 号公交车上不慎遗失一个黑色公文包，内有标的金额为 5 万元的合同一份、派遣证一个。有拾到者请与失主联系，失主将重金	**正文：** 交代清楚失物的时间、地点，失物的特征，联系方式及酬谢信息等。

酬谢。

联系电话：××××××××

× 先生

20×× 年 × 月 × 日

署名

成文日期

例文评析

这是一则寻找类启事。请求公众帮忙寻找失物，需要交代清楚失物的时间、地点，失物的特征，交代得越清晰、明确，找回的可能性就越大。本文由于丢失的物品较贵重，还特意提到了重金酬谢。

例文三

×× 中学百年校庆启事

20×× 年 × 月 × 日是 ×× 中学建校一百周年纪念日，是日上午 10 时，将在本校体育馆隆重举行庆祝典礼，共贺母校百年华诞。百年盛会，人世难逢，谊海情天，称觞共叙，切盼校友相互转告，届时拨冗归宁。

校友众多，广布四方，逐一函达，实非易事，特发公告，希各周知。

地址：×× 市 ×× 路 ×× 号

电话：××××××××

×× 中学百年校庆筹委会

20×× 年 × 月 × 日

标题：

发文单位＋事由＋文种

正文：

首先交代清楚写作缘由：建校一百周年庆典，然后写出活动内容：校庆时间、地点、参加者，最后表达希望：校友相互转告。

署名

成文日期

例文评析

这是一则声明类启事，内容上清楚交代活动的内容、时间、地点、参加者、联系方式等，表述上带有文言色彩，并富有较强的情感性。

例文四

迁址启事

××汽车有限公司于10月15日由原××路××号××单位二楼迁往新落成的××汽车城。

新迁地址：××市××路××号（××学院大门西侧）

联系电话：×××××××

欢迎各界朋友光临。

××汽车有限公司

20××年×月×日

标题： 事由＋文种

正文： 交代清楚搬迁时间、原址、新址、联系电话，并在结尾处表达欢迎之意。

署名

成文日期

例文评析

这同样是一则声明类启事，内容简洁，主要交代了该单位经营地址的变更信息，将迁址时间、新址的具体位置表述清楚，可用张贴或者报纸登载的形式发布。

例文五

标题： 活动名称

正文： 交代比赛时间、地点、队伍及颁奖时间等信息。

署名： 写明主办、承办、协办单位及媒体。

例文评析

这是一张图文并茂的篮球比赛海报，内容简洁，清楚交代比赛时间和地点、比赛队伍、颁奖时间、主办单位、承办单位、协办单位、媒体等。语言较有鼓动性，口号采用对偶的修辞手法，响亮且朗朗上口。

例文六

标题：
揭示活动特色＋活动名称

正文：
交代活动时间、地点、招商（订票）热线。

署名：
主办、支持、承办、协办单位名称。

例文评析

这是一张活动宣传海报，内容上简洁明了，写出活动时间、地点、招商（订票）热线；形式上突出醒目，标题居中，写清活动内容、活动特色（且进行了英文翻译），字体多样，并配有烟花的背景。

课后习题

一、改错题

请指出下面这篇文章存在的问题并修改。

招聘（商调）记者、编辑启示

《×× 时报》是全国公开发行的医药专业报，属全民事业单位。现因报纸发展需要，经省人才交流中心批准，向社会招聘（商调）记者、编辑三名。

应聘条件：坚持四项基本原则，品行优良，身体健康，热爱新闻事业，年龄在35周岁以下，有两年以上实际文字工作经验的新闻、中文、医药专业大专以上学历者。

报名时随带本人身份证、学历证明、在报刊上发表过的作品及一寸近照两张。

报名时间：20×× 年6月7日—14日，每天8：30—16：30。

报名地点：×× 市 ×× 路222号，×× 大楼九楼《×× 时报》社。

联系电话：××××××、××××××

联系人：×××

二、写作题

根据下面这则消息撰写启事。

好司机拾金不味　拾巨款归还失主

10月4日下午，××× 公司的王经理给客运公司送来一面锦旗，表扬好司机张 ×。原来，昨晚后半夜，王经理乘坐出租车回家，不慎将装有3万元现金、支票本和重要合同的黑色皮包遗忘在车上。第二天早晨，张 × 发现了车里的皮包，急忙根据包里的名片与失主联系，原物归还，并婉言谢绝馈赠。王经理不禁感激万分。

要求：（1）以司机张 × 的身份写一则“招领启事”。

（2）以失主王经理的身份写一则“寻物启事”。

第二节　便条、条据

学习目标

- ◆ 掌握便条、条据的概念和种类
- ◆ 掌握便条、条据的写作结构和方法
- ◆ 能够根据所给的材料写出符合要求的便条、条据

便条是一种简单的书信，内容大多是临时性的询问、留言、通知、要求、请示等，往往只用一两句话。对于涉及钱物、有凭证作用的便条，就是条据。

一、便条和条据概述

1. 便条概述

（1）便条概念

便条就是字条，又称便笺，是指日常生活或工作中处理琐碎事务的便利性文书。便条多为托人转交或临时放置在特定的位置，有的时候甚至写在公共场所的留言板或留言簿上。

（2）便条种类

便条包括两大类：

1）请假条。请求领导、老师或其他人员准假不参加某项工作、学习、活动的文书。

2）留言条。在日常生活中，当有事情通知对方或有事托付对方，而对方不在且没时间等候对方回来时，可写张留言条留给对方。

2. 条据概述

（1）条据概念

条据是单位或个人在日常生活或工作中处理钱物关系的文字凭证，即人们常说的“口说无凭，立据为证”。

（2）条据种类

条据包括以下几类：

1）收条。收到交来的钱或物，写给送交者作为凭证的条据。

2）借条。借个人或公家的现金或物品时写给对方的条据。

3）领条。个人（单位）向另外的个人（单位）领取钱款或物品后，留给发放人（单位）的文字凭证。

4）欠条。为证明一方欠另一方财物而立下的字据。

二、便条和条据的结构和写法

1. 便条的结构和写法

（1）标题

以文种为标题，居中，如“请假条”。留言条可不写标题。

（2）称谓

对受文人的称呼，写在标题下一行，顶格，后面加冒号。写给长辈或上级的要恭敬，写给平辈或朋友的可相对随意。

（3）正文

便条的主体部分，其具体内容根据不同的便条有所区别。

请假条：说明请假的原因和时间。请假的原因必须充分且符合有关规章制度。

留言条：告知事情，如要求对方回答的，说明回复的地址、电话号码或联系方式；如要求另外面谈的，写清约见的时间、地址。

结尾另起一行或紧接正文，请假条一般写“请予批准”，约见面谈的留言条常用“请勿失约”。

（4）署名和日期

署名位于正文的右下方。日期位于署名之下，年、月、日要齐全。

2. 条据的结构和写法

（1）标题

居中写明“收条”“领条”“欠条”“借条”等。如果是代收或代领等，则在“收条”或“领条”等前面加上“代”字。

（2）正文

写明收到、借到的对象：个人或单位名称，物件名称、数量或金额。如果是借条、欠条等，要写明归还时间。

正文写完后，另起一行，空两格写“此据”二字，也可省略不写。

（3）署名和日期

在条据的右下方写明所在单位名称和经手人姓名，以及撰写条据时的年、月、日。

三、撰写便条和条据的注意事项

1. 撰写便条的注意事项

第一，内容要明确。便条虽然内容简单，但是也要力求表达清楚，特别是有关时间、地点的事项要明确，不能让人产生误解。

第二，遵守礼仪。便条虽然格式简单，但是针对不同的对象，也要讲究礼节，遵守基本的礼仪规范。

2. 撰写条据的注意事项

第一，对外使用的条据，单位名称要用全称。

第二，物品要写明名称、规格、数量；金额必须大写，后面要写上“整”字，以防添加或涂改；数字前面不留空白，数字后面要写量词，如“元”“个”“双”“斤”等。

第三，条据中的文字如果需要改动，要在涂改处加盖印章，以示负责。

第四，字迹要端正清楚，用钢笔或签字笔书写。

第五，写明日期，年、月、日齐全，否则难以确定诉讼时效。

第六，内容表述清楚，没有歧义。条据一经签订，即对签约各方具有约束力，特别是经济性质的条据。因此，条据写得是否准确，权利与义务规定得是否严密、完备，关系到当事人的切身利益，影响到发生纠纷时是非曲直的判断和鉴别。

四、例文评析

例文一

留言条	**标题：** 文种
杨处长：	**称谓：** 姓氏＋职务
司令部办公室来电，请您明天上午9时到司令部三楼会议室开宣传干部思想工作汇报会议，请您准备好发言稿，按时到会。	**正文：** 传达电话内容，包括来电部门、时间、地点、内容、要求等。
陈××留	**署名**
20××年×月×日×时	**日期**

例文评析

此留言条为传达电话内容所用，明确交代清楚来电部门及相关内容和要求。日期具体到小时，表明了来电时间。

例文二

请假条

张老师：

今天早上我母亲突然生急病住院，父亲出差在外，家里没有其他人，我要在医院给母亲做护理，今天不能到校上课，特此请假，请批准。一旦我母亲病有好转，我即到校上课。

附：医院证明

此致

敬礼

学生：×××

20×× 年 × 月 × 日

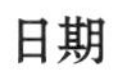

标题： 文种

称谓： 姓氏 + 职务

正文： 写明请假原因、时间及请假申请，并做出承诺。

附件

敬语

署名

日期

例文评析

这是一张学生的请假条，请假理由充分，并有医院证明。请假时间因母亲病情不定，没有明确说明。语言表述委婉、恳切，并表达出积极的求学态度。

例文三

借条

今借到李 ×× 人民币捌佰元整，二〇×× 年四月十五日前还清。

标题： 文种

正文： 写清借款对象、金额、还款日期。

此据。

张 ×× 署名

二〇×× 年 × 月 × 日 日期

例文评析

借条是向公家或私人借财物后写给对方的凭证。要写明被借方是谁，所借财物的名称、数量，归还的具体时间。金额要求大写，日期要年、月、日齐全。

例文四

欠条

（标题：文种）

今欠财务科人民币伍佰元整，二〇×× 年六月二十日还清。

（正文：写明欠款金额与还款日期。）

王 ×× 署名

二〇×× 年 × 月 × 日 日期

例文评析

欠条是借了个人或公家的财物，对所欠财物所写的条据。要写明被借方是谁、所欠财物明细及归还时间。

例文五

代收条

（标题：文种）

代收到张 × 还给李 × 的人民币陆佰元整。

此据。

（正文：代收到谁给谁的多少钱。）

代收人：王 × 署名

二〇×× 年 × 月 × 日 日期

例文评析

代收条是归还财物时，当事人不在，由别人代为收下并转交时所写的条据。要写明对方名称、所还物品及物品的完好程度。若是还给个人，则需要写明当事人姓名。

例文六

领条	**标题：** 文种
今领到学校教材科发给××班的教材《××》伍拾本。	**正文：** 写明发放单位及领取物品的名称、数量。
领书：××班 经手人：张××	**署名**
20××年×月×日	**日期**

例文评析

领条是向单位或部门领取财物时，写给负责发放人留存的条据。要写明领取物品的名称、数量、型号。如果是以集体名义领取，则要写上经手人姓名。

课后习题

一、改错题

1. 请指出下面这张请假条的错误并修改。

请假条

张老师：

我昨天下午背着书包回家后，晚上突然发高烧，今天不能到校上课。

请批准。

此致

敬礼

20××年×月×日

×××

2. 请指出下面这张条据的错误并修改。

欠　条

今借到小王500元整，六天后还清。

张×

×月×日

二、写作题

请根据以下材料撰写应用文。

×县人民法院曾审结一起经济纠纷案。2019年10月18日，闫×在县城个体工商户李×经营的门窗厂购买大门一扇，价值3 800元。闫×当即付现金800元，同时出具欠款3 000元的条据，注明2019年12月20日前付清。约定到期，闫×支付欠款2 500元，还欠500元。因碍于情面，闫×未变更条据。2020年2月初，闫×主动向李×归还欠款500元。不料，李×拿出闫×当时出具的欠条，让闫×归还3 000元欠款。双方争辩未果，诉诸法庭。法院认为，3 000元的欠条为被告亲笔所写，属于真实意思表达，予以认可。被告称已还款，但提供不出已还款的证据，不予认可。最后，法院判闫×10日内还清所欠李×现金3 000元，并承担50元诉讼费。

请根据上述材料，商讨闫×应如何做才能避免此事的发生，并替闫×和李×撰写相关条据。

第三节 计划

学习目标

- 掌握计划的概念和种类
- 掌握计划的写作结构和方法
- 能够根据所给的材料写出符合要求的计划

“凡事预则立，不预则废”，“预”就是事先打算、安排的意思。事前制订了计划，工作能有条不紊地开展，可提高自觉性，减少盲目性，提高成功的概率；相反，事先没做任何打算或安排，或者安排不周，工作就有可能遭受挫折，甚至失败。

一、计划概述

1. 计划的概念

计划是某个单位、部门、个人以书面文字的形式，对未来一定时期内的工作或活动提出设想、做出安排的事务性文书。

计划是一个较为宽泛的文种概念，根据内容及其涉及的范围、时限的不同，还有其他一些名称，见下表。

计划的别称

别称	特点	例子
规划	时间跨度长（3年以上），范围广，内容较概括	××市城市建设总体规划
纲要	长远部署，就工作方向、目标提出纲领性要求和指导性措施	××市20××年经济发展纲要
设想	初步的、预备性的非正式计划，其适用时限较长	××市拓展就业安置门路的设想
打算	近期的、粗线条的、想法不太成熟的非正式计划，内容范围不大	××学校争创文明校园的打算
要点	将计划的主要内容择要摘编，使之简明突出，适用于时间相对较短的计划	××局20××年工作要点

续表

别称	特点	例子
方案	从目的、要求、方式、方法、进度等方面部署具体、周密、操作性较强的计划	××市住房分配制度改革实施方案
安排	短期内要做的，且范围不大、内容单一、布置具体的计划	××系第×周工作安排

2. 计划的种类

按性质划分，可分为综合性计划和专题性计划（单项计划）。

按内容划分，可分为工作计划、生产计划、学习计划、科研计划、训练计划以及各种会议活动计划等。

按时间划分，可分为长期计划、短期计划、年度计划、季度计划、月计划、周计划等。

按范围划分，可分为国家计划、部门计划、单位计划、个人计划等。

按表达形式划分，可分为条文式计划、表格式计划和条文表格结合式计划。

二、计划的结构和写法

计划通常是由标题、正文、署名和成文日期等几部分构成。

1. 标题

计划的标题一般由制订计划的单位名称、适用时间、内容性质及计划名称构成，如“××集团公司20××年政治理论学习计划”；有的省去单位名称，如“20××年政治理论学习计划”；有的省去时间，如“××集团公司党员轮训工作安排”；有的由事由和文种构成，如“业务考核计划”；有的甚至只写文种，如“计划”。

未成熟的计划，可在标题尾部加括号注明草案、初稿、征求意见稿、送审稿等，如“××市20××年再就业工程实施方案（讨论稿）”。

2. 正文

计划的正文一般包括引言、主体和结尾三部分。

（1）引言

主要点明制订计划的指导思想、依据、意义和对基本情况的说明分析，即“为什么做”。引言文字力求简明扼要，讲清制订计划的必要性和执行计划的可行性。

（2）主体

写明计划的目标任务和方法措施，即“做什么”和“怎么做”。目标要明确，通常既有“量”的指标，也有“质”的要求；措施要具体，即说明实现目标的具体方法、步骤、时间及人力、物力、财力的安排等。具体来说，包括以下几个部分：

第一，做什么，简明扼要地写出总的奋斗目标，即要完成的目标、任务。

第二，在什么时间做，即完成该项任务的起止时间。

第三，由谁去做，即写明完成任务的部门或人员。当然，若是个人计划则不必写这一条。

第四，怎么做，即采取的措施、步骤和方法，包括对执行计划的检查、评比和奖惩办法。

第五，实施中应注意的事项。

第六，做得怎样，即计划完成的数量、质量等要求。

（3）结尾

一种是提出希望和要求；另一种是不写结尾，自然结束。

3. 署名和成文日期

署名写上制订计划的单位名称或个人姓名。标题中已标明单位名称的，这里可以不写。成文日期写在正文的右下方，年、月、日不可缺少。

三、撰写计划的注意事项

第一，要深入领会党和国家的有关方针、政策和法律、法规精神，以此作为制订计划的指导思想。

第二，要从本单位、本部门的实际情况出发，不要脱离现实，任务指标不要定得过高或过低。

第三，措施和办法要制定得具体、可行，以便落实和监督检查。

第四，表达方式要以说明为主，行文中不要夹杂不必要的议论。

四、例文评析

例文一

××文学社20××—20××学年第一学期活动计划

标题：
单位＋年份＋文种

为了全面贯彻素质教育理念，落实学校关于创建“书香班级”活动的意见，提高学生的文学素养，现将××文学社活动方案拟订如下：

引言：
制订计划的目的、根据，通过“活动方案拟订如下”过渡到主体部分。

一、培养目标

1. 拓展学生视野，丰富校园生活，促进学生热爱学习、热爱生活。

2. 开展形式多样的活动，激发学生习作热情，提高语文素养。

（略）

二、成员招募

（略）

三、活动主要内容

1. 邀请一些文学造诣较高的退休教师来校给学生讲课或开设文学讲座，帮助社员了解更多的文学知识，拓宽知识面，培养他们的文学欣赏能力。

（略）

四、活动具体安排

9 月份：在 9 月底召开本学期第一次社干、社员会议，向社员公布本学期文学社即将开展的活动内容，鼓励社员积极参与活动，上交作品。

（略）

希望全校师生积极主动地参与、支持本文学社的各项工作，让 ×× 文学社这个舞台吸引更多的文学少年，以展示学子们的精神风采！

20×× 年 × 月 × 日

主体：
计划主要事项，将目标与措施（成员招募、活动安排）分条列项地写出来。

结尾：
提出希望，发出号召。由于标题已写明单位，故省略，只写上日期。

例文评析

这是一份条文式的学生活动计划，用叙述和说明的表达方式，分条列项地对活动的目标、措施、步骤进行了叙述，思路清晰，具有可行性。

例文二

××学校20××年第十二周日程安排

日期	星期	内容
11月15日	一	上午8：15　升旗仪式 上午10：00　办公会议
11月16日	二	上午8：45　校务会议 下午14：15　教学督导内部检查
11月17日	三	上午8：45　实习就业工作会议
11月18日	四	全天　××市属技师学院教学督导检查 下午16：00　会计从业人员考试考务会议
11月19日	五	下午14：00　××市属技工院校“亚运礼仪与教师形象塑造”讲座 下午14：30　政治学习

××学校

20××年×月×日

标题：
单位＋时间＋文种

正文：
表格式，分为日期、星期、内容三项，表述第十二周学校的日程安排。

署名

成文日期

例文评析

这是一份表格式计划，其内容表现形式基本上是固定的，侧重于数字、数据的表达，具有直观、清晰、明了的优点。

课后习题

一、改错题

分析下面这则计划的不当之处并修改。

班级文体活动计划

为了丰富同学们的课余生活，寓教育于文艺、体育活动之中，我班制订下列文体活动计划：

1.积极迎接校第九届田径运动会，要求同学们积极报名，认真锻炼。

2. 组织乒乓球比赛一次。

3. 开展好冬季长跑活动。

4. 适时组织一次野餐。

5. 要积极排演文艺节目，迎接每年一次的元旦文艺汇演。

文艺委员

20×× 年 × 月 × 日

二、写作题

某单位团委拟举办五四青年节庆祝活动，届时将举行多项纪念活动，包括篮球比赛、读书报告会、文艺联欢会、电影专场、青年书画展等。请拟一份活动安排表，计划名称、内容及说明均要求具体明确，有关内容如时间、地点、负责人等可以虚拟。

第四节　总结

学习目标

- ◆ 掌握总结的概念和种类
- ◆ 掌握总结的写作结构和方法
- ◆ 能够根据所给的材料写出符合要求的总结

对于单位、部门、个人来说，只有不断反思、总结，积累经验，找出成功之处和失败教训，扬长补短，探索工作规律，才能不断进步，将工作做得更好。因此，掌握总结的撰写方法就显得非常重要。

一、总结概述

1. 总结的概念

总结是对前一阶段工作或学习进行回顾、反思、分析、评价，从中找出成绩和经验、问题和教训，获得规律性的认识，以便指导下一阶段工作的事务性文书。

通过总结，可以对过去的情况进行回顾分析，以便汲取经验教训，为下一步工作提供借鉴和指导；还可以深入寻找事物的发展规律，提高认识水平，进而促进工作有效开展。

2. 总结的种类

按内容划分，可分为学习总结、工作总结、思想总结等。

按时间划分，可分为年度总结、季度总结、月份总结等。

按性质划分，可分为综合性总结和专题性总结。综合性总结，又称全面性总结，是全面总结一个单位或部门各方面的情况，重在“全”，需多层次展现以往工作的全过程。专题性总结，是对某项工作或某方面经验或问题的总结，重在“专”，内容单一，有针对性。

按范围划分，可分为单位总结、部门总结、个人总结等。

二、总结的结构和写法

总结通常是由标题、正文、署名和成文日期等几部分构成。

1. 标题

（1）公文式标题

由单位名称、时间、事由和文种构成，如“××市财政局20××年工作总结”“××厂20××年上半年工作总结”。有的标题中不出现单位名称，如“创先争优活动总结”“20××年教学工作总结”。

（2）新闻式标题

可以是单标题，如“推动人才交流，培植人才资源”；也可以是双标题，正标题点明文章的主旨或重心，副标题具体说明文章的内容和文种，如“构建农民进入市场的新机制——××市麦棉产区发展农村经济的实践与总结”“加强医德修养，树立医疗新风——××医院精神文明建设的经验”。

2. 正文

总结的正文一般包括引言、主体和结尾三部分。

（1）引言

概述基本情况，包括单位名称、工作性质、主要任务、时代背景、指导思想以及总结目的、主要内容提示等，为主体内容的展开做必要的铺垫。撰写引言要开门见山，简明扼要，紧扣中心，统领全文，有吸引力。

（2）主体

撰写主体部分时，一是要把握主体内容，二是要掌握主体结构。

1）主体的主要内容包括以下三个方面：

一是基本做法、成绩和经验。多数总结把这部分内容作为重点。要写明在什么思想指导下，做了哪些工作，采取了哪些措施，取得了哪些成绩，其主客观原因是什么，有哪些体会等。成绩、做法是基础材料，经验体会是重点。要点面结合，重点突出，数据具体，具有较强的说服力。切忌面面俱到，不分主次，或者写成流水账。

二是问题与教训。要求以一分为二的观点看问题，写出工作中存在的问题与不足，并分析其主客观原因以及由此得出的教训等。不同的总结，可以有不同的侧重点。如果是着重反映问题的总结，就要把这部分作为重点来写；如果是典型经验总结，或者工作中确无大的失误，这部分则不必写。

三是今后工作和努力的方向。这部分内容要写得简单明了。

2）主体内容很多，在写作时要以合适的方式来安排结构，常见的结构有以下三种：

一是分部式结构。按"情况—成绩—经验体会—问题—今后设想"或者"做法—效果—体会"的顺序，分成几个部分来写。每个部分可用序号列出，也可恰当地运用小标题表示；或采用段旨句表示，即把观点置于每一段的开头，这是总结中最常见的写法。这种结构形式适用于单位总结、个人小结或体会。

二是阶段式结构。把工作的整个过程，按时间顺序划分成几个阶段来写。每个阶段写一个部分，在各个部分中再以块式结构来安排内容。这种结构形式适合写时限较长而又具有明显阶段性的工作总结。

三是观点式结构。根据内容归纳出几个观点，每个观点就是一个大层次，使用"一、二、三……"序号排列，逐条叙述，条文之间具有比较严密的逻辑关系。这种结构形式能有效提升总结的理论性，适用于撰写专题经验总结。

（3）结尾

在总结经验、教训的基础上，提出今后的方向、任务和措施，表明决心，展望前景。这段内容要与开头相照应，篇幅不应过长。有些总结在主体部分已将这些内容表达过了，就不必再写结尾。

3. 署名和成文日期

一般在正文右下方署名、署时间。如果是在报纸杂志或简报中登载的用于交流经验的专题总结，应在标题下方居中署名。如果标题中已有署名，则可不写。

三、撰写总结的注意事项

第一，要坚持实事求是原则。实事求是、一切从实际出发，这是总结写作的基本原则。要坚决避免在总结中夸大成绩、隐瞒缺点、报喜不报忧的做法。

第二，要体现特色。总结不能千篇一律，在内容上，应写出真正属于自己的东西；在形式上，对于结构的安排、语言的运用，也应注意方式技巧，写出特色。

第三，详略得当，突出重点。总结的选材不能求全贪多、主次不分，要根据实际情况和总结的目的，把那些既能展现本单位特点，又有一定普遍性的材料作为重点，写得详细、具体，而一般性材料则要略写或舍弃。

第四，要有理论价值。对主要矛盾要进行深入细致的分析：谈成绩，要写清是怎么做的，为什么这样做，效果如何，经验是什么；谈存在的问题，要写清是什么问题，为什么会出现这种问题，其性质是什么，教训是什么。只有这样的总结，才能对前一段的工作有所反思，并由感性认识上升到理性认识。

四、例文评析

例文一

新闻传播学院工会20××年工作总结

工会的基本职能有四项，一是维护职能，即维护职工的合法权益；二是建设职能，即动员职工参加建设和改革；三是参与职能，即组织职工参与民主管理；四是教育职能，帮助职工提高思想文化素质。

根据工会法和×××大学工会工作要求，新闻传播学院工会开展了本学期的工作，现总结如下：

一、维护职能。在院党组织的领导下，积极维护教职工的合法权益。定期召开教代会，学院内涉及重大教职工权益的有关工作或福利政策，须经教代会通过。日常注意听取和收集教职工的意见，涉及职工权益的，要与有关部门沟通并及时给教职工以答复。工会主席代表教职工的利益，积极参加学院院务委员会会议，在委员会中站在教职工的立场上发表意见，参与决策。

标题：
单位＋年份＋事由＋文种

引言：
首先写出工作性质、工作根据，然后通过“现总结如下”过渡到主体部分。

主体：
将做法与体会分条列项地写出来。先概述，后具体举例论述。

二、建设职能和参与职能。积极动员职工参加学院各项建设，在教学、科研和学院文化建设方面做了相关的工作。本学期协助学院召开两次教学和学生工作沙龙，发动教职工对教学和学生工作进行反思，找出薄弱环节和问题，提出积极的建议。在学期开始阶段开一次，提出问题和建议；在学期结束时再开一次，进行总结提高。组织了一次学院校友返校活动，策划建立了一个校友交流平台，听取已经毕业的校友对我院教学和学生工作的意见。

三、教育和桥梁纽带作用。协助学院党总支，积极组织学院教职工的学习活动，邀请有关专家为教职工开设有益的讲座，积极开展文化活动，提高学院教职工的总体素质。工会要作为教职工和学院之间以及教职工之间的纽带，消除彼此间的误解，避免摩擦，加强沟通和理解。为此，工会在平时注意发现问题，及时沟通解决问题，还经常组织学院教职工集体文化娱乐活动，创造交流机会，建立沟通平台。本学期安排了两次活动，一是在学期开始时，举办一次聚餐会；二是在元旦时按惯例，组织学院的“忘年会”，集体迎接新年。此外，组织了多次学院体育健身活动，如举办了乒乓球、羽毛球比赛等。

四、职工福利和送温暖活动。根据年节和季节，协助学院发放相关福利物品和奖金，在春秋两季组织职工疗养，并对生病和生育的职工进行了探望和慰问。

由于标题已写明单位，故省略署名。

20××年×月×日

例文评析

这是一篇单位的年度总结，分条列项地从维护职能、建设职能和参与职能、教育和桥梁纽带作用、职工福利和送温暖活动四个方面对本年度完成的工作进行了全面总结。总结时，先论述观点，后叙述具体做法，层次清晰，内容明确。

例文二

实行“三化”，提高工作质量

×××

办公室工作的被动性、从属性、事务性和服务性特点，常常导致办公室在忙、乱、杂中运转。如何从被动中求得主动，提高办事效率、办公质量呢？现将我们××总厂储运公司的一些做法介绍出来，以期抛砖引玉。

我们采取“抓住重点，带动一般”的办法，在重点项目上建立健全工作程序、标准和制度，实现工作程序化、标准化和制度化，从被动中求得主动。具体来说就是：抓住文件、会议、小车管理和接待协调三大项目，带动其他日常工作，对各项工作都要求绘出程序图，制定出制度和标准，在规定目标的同时，也规定达到目标的方法。

首先，我们根据三个重点项目各自的特点，绘制了《经理办公程序》《行政会议组织程序》《公文审稿工作程序》《客人接待工作程序》《小车安排工作程序》等24个工作程序图，制定和完善了《草拟公文工作标准》《秘书日常工作标准》《文稿修改工作标准》《复印文件工作标准》等12个工作标准和《关于复印文件的暂行规定》《关于保密工作的暂行规定》《关于印信使用的暂行规定》等8项工作制度，使各项工作有程序、标准和制度可依。

其次，在严格执行上下工夫。例如，我们要求在办文中严把“四关”，即：一把拟办单位关，要求拟办单位草拟文件时不草率；二把文字关，即看是否要行文和以什么形式行文，是否符合党和国家的政策法规，文字表达是否准确、简练、通顺，涉及几个部门事项时是否协商一致，和本单位前后文件是否有矛盾，体例格式是否规范；三把打字、校对、印刷、装订、分发关；四把文件发出后的催办关。通过严把“四关”，使文件的草拟、审核、审批、打

标题：
主题
署名：
个人姓名
正文：
引言部分通过提问引起思考，然后概述基本做法。

主体部分具体阐述了各项工作的做法。

印、校对、印刷、装订、分发与催办形成一条龙，从而保证了文件整体质量的提高。

再如，为提高会议质量，我们根据所规定的工作程序、标准和制度，主要抓了会前的准备工作，会中的记录和提醒，会后的记录整理及有关事项的催办和反馈四个环节。会前填写会议议题单，会后下发会议决定通知单或会议纪要，严格控制会议数量，认真整顿会风，提高了会议质量。

经过几年的实践，我们体会到，实行工作程序化、标准化和制度化，可以使复杂的工作条理化、规范化和责任化，使每个人都明确自己的责任和权限，达到了用时少、效率高的目的。

结尾部分进行了归纳总结。

20××年×月×日

成文日期

例文评析

这是一篇工作专题性总结。本文总结了该办公室实行工作程序化、标准化、制度化这“三化”的经验，偏重于工作方法的介绍和经验的总结，内容集中，针对性强，写得具体、细致，条理清楚。

课后习题

一、改错题

请指出以下总结存在的问题，并改正。

××学年的个人总结

炎日当空，天上无一丝云彩，火辣辣的太阳简直叫人不敢出门，空中没有一点风，只有知了在树上不停地叫着，好像在说：“放假啦，放假啦。”又一学年过去了，我应该利用暑假对这一学年的学习情况作一些总结，以迎接新学年。

在这一学年里，我学习了成本会计、管理会计、审计原理、经济法、计算机运用、外贸会计、英语、应用文写作、体育、职业道德等课。其中成本会计82分，管理会计86分，审计原理77分，经济法89分，计算机运用90分，外贸会计90分，英语72分，应用文写作68分，体育是中，职业道德是优。总的来说，成绩是可以的，在班上属中等水平。其中计算机运用和外贸会计成绩好些，而英语和应用文写作差些。下学期，我要继续努力，争取取得更好的成绩，最好每门课程都在80分以上，这样就可以获得奖学金，减轻家庭的经济负担，更可以在择业时增加自己的实力。

财会班 ×××

二、写作题

请根据班级情况，写一份上学期的班级情况总结。

第五节　证明信

学习目标

- ◆ 掌握证明信的概念和种类
- ◆ 掌握证明信的写作结构和方法
- ◆ 能够根据所给的材料写出符合要求的证明信

证明信的作用贵在证明，是持有者用以证明自己的身份、经历或某件事情真实性的一种凭证。在日常生活中经常需要用到证明信，如进行学历学位证明、婚姻证明、收入证明、家庭情况证明、无犯罪证明等。

一、证明信概述

1. 证明信的概念

证明信是组织（单位）用可靠的材料证明有关人员的身份、经历、学历或某件事情的真相而写的信件。

2. 证明信的种类

按性质划分，可分为私人事务证明、工作事务证明、国内事务证明、国际事务证明等。

按用途划分，可分为身份、资格、学历、简历、行为、人际关系等证明。

二、证明信的结构和写法

证明信一般是由标题、称谓、正文、署名和成文日期等几部分构成。

1. 标题

首行居中可写“证明信”“证明”或“有关 ××× 问题的证明”。

2. 称谓

顶格书写需要证明信的单位名称或受文个人，后加冒号。一般不需要使用敬语。

3. 正文

正文内容一般要针对对方所要求的要点写，即写清需要证明的问题或事项，不写其他无关内容。如需附有有关结论或历史文件，可做附件处理。

结尾处是固定的文书套语，一般写“特此证明”或“以上特证明”等。

4. 署名和成文日期

署名要写出具证明的单位名称或个人姓名，然后由证明单位或证明人加盖公章或私章，否则证明信将是无效的。最后写上证明日期。

三、撰写证明信的注意事项

第一，要严肃认真，实事求是，言之有据。证明的人或事必须确实可靠，不能轻率从事，这是证明信最重要、最本质的体现。出具虚假证明就失去原有的意义和作用，会害人害己，贻误大事。

第二，证明信不能用铅笔、红色笔书写，若有涂改，必须在涂改处加盖公章。

第三，对于随身携带的证明信，一般要求在证明信的结尾处注明有效时间。

四、例文评析

例文一

证明信	**标题：** 文种
广州市 ×× 公司：	**称谓**
你公司 ×× 同志，20×× 年9月至20×× 年6月曾在我校电子商务专业学习。在校期间，×× 学习刻苦，工作积极，要求进步，曾连续三年获得一等奖学金。	**正文：** 证明事情的真实情况。
特此证明。	**结束语**
广州市 ×× 高级技工学校（公章）	**署名**
20×× 年 × 月 × 日	**成文日期**

例文评析

这是一封以组织名义所发的证明信，证明某人在校情况，交代其在校学习时间、所学专业及表现。证明的事实清楚明确，语言简明扼要，具体实在。

例文二

收入证明	**标题：** 事项＋文种
兹证明________先生/女士（身份证号为__________________），在本单位担任________职务，自______年____月起一直在本单位工作，其上一年度月平均收入为：人民币小写，￥________元整；人民币大写，________元整。 本单位对上述收入证明愿承担法律责任。	**正文：** 证明收入的具体数额。
特此证明。	**结束语**
单位名称（章）：	**署名**

单位负责人（或授权人）：

人力资源部门负责人：

年　月　日

单位地址：＿＿＿＿＿＿＿＿　邮政编码：＿＿＿＿＿＿

联系电话：＿＿＿＿＿＿＿＿

成文日期

附注：
写明单位地址和电话。

例文评析

这份收入证明格式完整，用语严谨，特别是在被证明人的身份、收入具体数额上用语得体准确。

课后习题

一、改错题

请指出下面这封证明信存在的不足并修改。

证明信

×× 报社：

贵报社记者 ××× 同志原任我社编辑，任期内工作积极主动，认真负责，有较强的业务能力。

此致

敬礼

××× 杂志社

20×× 年 × 月 × 日

二、写作题

小王是 ×× 职业学院 20×× 届毕业生，因毕业证不慎遗失，应聘工作时遇到了麻烦，他赶忙回校想补办证书，但按规定，毕业证书遗失是不能补办的，学校只能为他出具毕业证明。请代为撰写该证明。

第六节　介绍信

学习目标

- ◆ 掌握介绍信的概念和种类
- ◆ 掌握介绍信的写作结构和方法
- ◆ 能够根据所给的材料写出符合要求的介绍信

介绍信在工作中使用广泛，是单位之间进行联系、接洽工作时的常用文书。持有介绍信实际上是代表单位的授权或委托，具有一定的法律效力，因此各单位对于介绍信的撰写及使用都有严格的要求。

一、介绍信概述

1. 介绍信的概念

介绍信是各级机关、企事业单位、社会团体等社会组织派人去其他单位联系工作、洽谈业务、办理事务时所开具的介绍性信件。

2. 介绍信的种类

（1）填写式介绍信

填写式介绍信是按照一定样式印制的专用介绍信，由正联和存根联组成，使用时只需按项目填写即可，注意正联和存根联的内容应填写一致。

（2）书信式介绍信

书信式介绍信是按照普通书信格式开具的介绍信，书写的内容可以更为详细、具体，通常用单位统一印制的信件纸书写。

二、介绍信的结构和写法

1. 填写式介绍信的结构和写法

填写式介绍信有现成的样本，使用时按项填写并加盖单位公章即可，有存根的介绍信应在两联之间加盖骑缝章。具体分为横排式和竖排式两种类型，如下图所示。

<table>
<tr>
<td>

介绍信（存根）

××字第××号

兹介绍×××等×名同志前往×××联系××××。

20××年×月×日

</td>
<td>

介绍信

××字第××号

×××：

兹介绍×××等×名同志前往你处联系××××，请接洽并给予协助。

此致

敬礼

××××（公章）

（有效期×天）　20××年×月×日

</td>
</tr>
</table>

横排式介绍信

介绍信（存根）

××字第××号

兹介绍×××等同志×人前往×××联系××××。

20××年×月×日

……………………第……………………号……………………

介绍信

×××：

兹介绍×××等同志×人前往你处联系××××，请接洽并给予协助。

此致

敬礼

××××（公章）

（有效期×天）　20××年×月×日

竖排式介绍信

2. 书信式介绍信的结构和写法

如果不用现成样本，可在单位统一印制的信笺上撰写介绍信。一般来说，书信式介绍信应包括标题、称谓、正文、署名和成文日期等几个部分。

（1）标题

首行居中可写“介绍信”。

（2）称谓

顶格书写需要受文的单位名称或个人姓名，后加冒号。一般不需要使用敬语。

（3）正文

正文应说明持介绍信者的姓名、年龄、政治面貌、职务等（其中年龄、政治面貌有时可不写），以及要接洽联系的事项和向接洽单位或个人提出的希望。结尾处写祝愿和敬意之语，如“此致，敬礼”“请接洽”“望接洽为盼”等。

（4）署名和成文日期

落款即出具介绍信的单位名称，并加盖公章。成文日期应年、月、日齐全。

三、撰写介绍信的注意事项

第一，要填写持介绍信者的真实姓名、身份，不能冒名顶替。

第二，要有礼貌，预先在文中向收信人表示感谢，不失礼节。

第三，重要的介绍信要留有存根或底稿，存根和底稿的内容要同介绍信正文完全一致。

第四，介绍信篇幅要简洁，语言要流畅，书面语不要太重。

第五，书写要工整，不能随便涂改。

四、例文评析

例文一

介绍信（存根）

×× 介字第 ×× 号

李 ×× 等叁人，前往 ×× 物流有限公司联系学生岗位实习事宜。

20×× 年 × 月 × 日

……………………×× 介字第 ×× 号………………（公章）…………………

介绍信

××介字第××号

××物流有限公司：

兹介绍我校李××等叁人，前往贵公司联系学生岗位实习事宜，请接洽。

此致

敬礼

××职业学院（公章）

（限五天有效）　　20××年×月×日

例文评析

这是一封填写式介绍信，由正联和存根联组成。填写时应将两联内容填写齐全，且内容一致，并加盖骑缝章，横线内容即为需要填写的部分。

例文二

介绍信	**标题：** 文种
×××公司负责同志：	**称谓**
兹介绍我校×××同志前往贵公司联系安排学生毕业实习等事宜，望接洽为盼！	**正文：** 介绍了人物和相关事宜。
此致 敬礼	**敬语**
××学校（公章）	**署名**
20××年×月×日	**成文日期**

例文评析

这是一封书信式介绍信，言简意赅，格式规范。

课后习题

一、改错题

请指出下面这封介绍信的错误并修改。

介绍信

×× 市商务局：

兹介绍 ×× 等 2 人前往你处办理 ×× 事宜，请予接洽。

此致

敬礼

20×× 年 × 月 × 日

（有效期 3 天）

二、写作题

×× 大学计算机专业学生王 × 和沈 × 被安排到 ×× 网络公司实习，请以该大学的名义为他们开具一封介绍信。

第七节 简报

学习目标

- ◆ 掌握简报的概念和种类
- ◆ 掌握简报的写作结构和方法
- ◆ 能够根据所给的材料写出符合要求的简报

简报可以下情上达、汇报工作、反映情况，也可以上情下达、互通信息、交流经验，还能为新闻单位提供有意义的新闻线索或稿件，在工作中起着重要的作用。

一、简报概述

1. 简报的概念

简报是各级机关、企事业单位、社会团体编发的反映情况、沟通信息、交流经验、指导工作的一种简短、灵便的事务文书。简报也称“情况反映”“情况交流”“简讯”“动态”“内部参考”等。

2. 简报的种类

按时间划分，可分为常规简报和阶段性简报。

按版期划分，可分为定期简报和不定期简报。

按性质划分，可分为一事一报的专题简报和反映整体情况的综合简报。

按内容划分，可分为以下三类：一是工作简报，也称情况简报，即反映本部门、本系统各方面工作情况的简报；二是动态简报，即反映各部门、各领域的新情况、新动态的简报，如“市场动态”“学术动态”等；三是会议简报，即举行会议期间编发的简报，是报送会议进程和讨论内容的简报。

二、简报的结构和写法

简报通常是由报头、报核（正文）和报尾三部分构成，如下图所示。

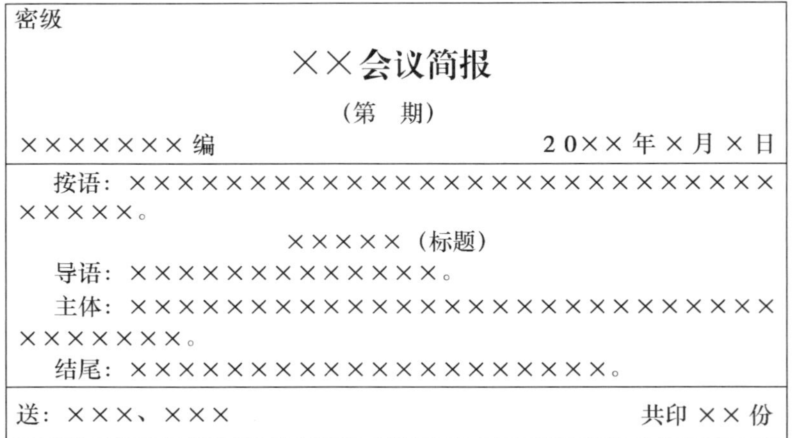
密级

××会议简报

（第　期）

×××××××编　　　　20××年×月×日

按语：××××××××××××××××××××××××××××××××××。

×××××（标题）

导语：××××××××××××××。

主体：××××××××××××××××××××××××××××××××××××。

结尾：×××××××××××××××××××××××。

送：×××、×××　　　　共印××份

1. 报头

又称眉首，包括简报名称、期号、编发单位、发行日期和密级。

（1）简报名称

印在简报第一页上方的正中处，为了醒目起见，字号宜大，尽可能用套红印刷。

（2）期号

位置在简报名称的正下方，一般按年度依次排列期号，有的还可以标出累计的总期号。属于“增刊”的期号，要单独编排，不能与“正刊”期号混编。

（3）编发单位

应标明全称，位置在期号的左下方。

（4）发行日期

以领导签发日期为准，应标明具体的年、月、日，位置在期号的右下方。

（5）密级

有些简报根据需要，还应标明密级，如“内部参阅”“秘密”“机密”“绝密”等，位置在简报名称的左上方。

报头部分与报核之间，用一条红色线隔开。

2. 报核（正文）

（1）按语

简报的按语在间隔线的下方，它不是简报必备的结构要素，有些简报可以不写按语。按语一般由编发单位指定人员撰写，其写法有以下三种形式：

1）评价性按语，表明编者对简报的倾向性态度。

2）说明性按语，介绍文章材料的来源、转发目的、转发范围。

3）提示性按语，一般用来提示简报文章的内容，尤其是篇幅较长的文章，帮助读者加深理解文章的精神。

（2）目录

位于按语下方，简报文章上方，居中标注“目录”字样，下面列出本期简报的目录。若简报只有一篇文章或篇数很少，则不需要目录。

（3）标题

每篇简报都必须有标题。标题一般要求简明地概括正文内容，类似于新闻标题。

（4）正文

类似于新闻的写法，先在开头（导语）部分对主要内容进行概括，包括时间、地点、人物、事件等，然后具体叙述文章所反映的情况。

1）导语。通常用简明的一句话或一段话来概括全文的主旨或主要内容，给读者一个总的印象，交代清楚谁（某人或某单位）、什么时间、干什么（事件）、结果怎样等内容。导语的写法多种多样，有提问式、结论式、描写式、叙述式等。

2）主体。用足够的、典型的、有说服力的材料，把导语的内容加以具体化。

3）结尾。或指明事情发展趋势，或提出希望及今后打算。如果主体部分已经把事情说清楚，可以不必再加结尾。

4）背景。即对人物、事件起作用的环境条件和历史情况简介。背景介绍可以穿插在各个部分。

3. 报尾

报尾位于简报末页下端，包括两个项目：左边写发送对象、范围，右边写印刷份数。发送单位一般要标明“报 ××（上级）”“送 ××（同级或不相隶属）”“发 ××（下级）”，也可不做区别，都写“发送”。

三、撰写简报的注意事项

第一，简明扼要，一目了然。简报的写作必须做到简短、明快，用尽可能少的文字说清楚必须说明的问题。一是主题集中，一稿一事，抓重点、热点、亮点；二是精选材料，围绕主题精心挑选典型事例；三是内容既要简明，又要清楚。

第二，讲究时效，反映迅速。简报具有新闻报道时效性强的特点。这要求简报的作者思想敏锐，行动敏捷，对问题反映得快，对材料分析得快，写作构思快，动笔成稿快；同时，还要求简报的编辑、签发、打印、发稿速度快，共同把握发稿时机。

第三，内容实在，不空洞。用事实说话，是简报的主要特征之一，也是撰写简报应该注意的一个重要问题。

四、例文评析

例文一

储备工作简报

第 5 期

国家物资储备局　　　　20×× 年 × 月 × 日

甘肃储备物资管理局干部人事档案全部达到二级标准

经甘肃省委组织部验收通过，甘肃储备物资管理局干部人事档案目标管理工作达到中共中央组织部规定的干部人事档案目标管理二级单位标准。至此，甘肃储备物资管理局局单位、五三四处、六三八处、二七四处、一七

报头：
简报名称、期数、编发单位、发行日期。

间隔线

报核：
标题——概述正文主要内容。开头概述工作情况和取得的成绩。在主体中介绍了工作意义、工作根据、具体做法和成绩经验。

三处、五七四处、二五七处七处管档单位全部达到了中组部规定的二级标准，成为甘肃省首家全系统全部达标单位。

干部人事档案工作实行目标管理，是加快人事档案工作建设的一项重要措施。为进一步加快干部人事档案工作制度化、规范化、科学化建设，根据《干部人事档案工作目标管理暂行办法》和《干部人事档案工作目标管理考核细则》的要求，在认真学习文件的基础上，对我局管理的干部人事档案按规定标准进行了认真分类、鉴别、整理，并严格按照目标管理考核评分细则建立和完善了档案管理制度，配齐了必要的设备和设施。做到了档案室、阅文室、办公室三室分开，所有档案柜全部使用铁质档案柜，干部人事档案库房“六防”措施基本得到落实。在整理过程中，我们重点抓了材料收集、类别分析、资料装订等几个重要环节，坚持严、细、准的原则，保证了案卷质量达到规范要求，整理后的干部人事档案基本上达到了分类准确、排列有序、表面平整、材料齐全、目录清楚、装订整齐、层次分明。

报：××××××

发：×××××× 共印 ×× 份

报尾：
报送单位及印刷份数。

例文评析

这是国家物资储备局的一篇简报，报道了甘肃储备物资管理局人事档案的管理情况。正文开头先概述甘肃储备物资管理局干部人事档案目标管理达到中央的标准并通过验收；然后主体部分论述了干部人事档案管理工作的重要性和作用，并介绍了该局管理人事档案所做的具体工作。内容集中，主题突出，在全国物资储备系统中起到了学习、交流的作用。

例文二

×× 公司开展“不忘初心、牢记使命”主题教育活动简报

第 4 期

×× 公司主题教育学习办公室　　20×× 年 × 月 × 日

提高思想认识　明确目标任务　加强组织领导

——×× 公司召开深入开展“不忘初心、牢记使命”主题教育活动动员大会

4 月 3 日，×× 公司召开深入开展“不忘初心、牢记使命”主题教育活动动员大会，对本公司开展主题教育学习活动进行详细部署和安排。

动员会上，公司党委书记、总经理、活动领导小组组长 ××× 作动员报告。他强调，为了搞好这次主题教育学习活动，首先，公司党委和广大党员干部一定要提高思想认识，切实增强开展“不忘初心、牢记使命”主题教育活动的政治责任感和使命感，把思想认识统一到市委、市 ×× 局党委的决策上来，精心组织，积极参加，保证主题教育学习活动顺利进行。其次……最后……

市 ×× 局局长、第一指导检查组组长 ××× 在会上作重要讲话，就如何搞好活动，切实增强四个意识、坚定四个自信、做到两个维护提出了指导性意见……

大会由总公司党委副书记、活动领导小组副组长 ××× 主持，并就活动办公室和指导检查组提出的有关事项进行了部署安排。最后就怎样贯彻落实本次会议精神提出了四点意见：

第一……

第二……

第三……

第四……

报：××××××

发：××××××　　　　共印 ×× 份

报头：
简报名称、期数、编发单位、发行日期。

间隔线

报核：
标题——概述正文主要内容。开头概述所要开展的工作。在主体中分别阐述各级领导的动员指导，对工作意义、工作要求以及具体做法做了详细的说明。

报尾：
报送单位及印刷份数。

例文评析

这篇简报报道了××公司召开深入开展“不忘初心、牢记使命”主题教育活动动员大会的情况，格式规范，符合简报的特点和写法，起到了简报应有的交流、宣传和指导作用。

课后习题

一、改错题

下面是一篇述评式简报，请仔细阅读并分析其写法，对存在的问题进行修改。

对幼儿园学生实行接送制度好

我市各幼儿园实行比过去较为严格的孩子接送制度。家长送孩子到园时，园方发给一个接送卡，接孩子时家长再把接送卡交回园方。这个制度好，可以使学生准时、安全到园，避免上学、放学途中玩耍，出现不安全现象，甚至被冒领、劫持勒索等。对学前班、小学低年级学生也可以借鉴这种接送制度，使学校、老师、家长都放心。

二、写作题

根据下述火灾材料，撰写一篇简报供《消防动态》刊用。

9月26日凌晨4时多，位于××路××号由私人承包的大都酒吧发生特大火灾。受灾面积达400多平方米，烧毁彩电、投影机、音响设备、空调和沙发等大量物品，经济损失81万元。幸好是在非营业时间起火，故未造成人员伤亡。起火原因待查。

10月3日，××医科大学东门小卖部，由于电冰箱开关接触不良引起火灾，烧毁一台电冰箱，损失3 000元。

10月5日下午，南方××广场首层管理部由于60瓦的灯泡与临时堆放的纸皮箱接触引起火灾，受灾面积12平方米。

10月5日19时许，××镇南街1号四楼民房由于电线短路引起火灾，受灾面积130平方米。

10月7日凌晨5时许，××路15号民房起火。受灾4户14人，烧毁建筑面积180平方米。火灾原因和经济损失正在调查中。

10月8日18时15分，××市第一人民医院急诊部四楼女临时工宿舍，由于女临时工在宿舍内用酒精炉煮饭不慎酿成火灾。受灾面积48平方米，损失约8 000元。

10月9日14时41分，××中路92号××菜馆厨房起火。消防部门共调出3个消防中队6台消防车到现场扑救，至15时将火扑灭。烧毁面积200平方米。

第八节　述职报告

学习目标

- 掌握述职报告的概念和种类
- 掌握述职报告的写作结构和方法
- 能够根据所给的材料写出符合要求的述职报告

述职报告是随着人事制度改革而产生的一种文体，已成为管理和考核干部的重要形式。述职报告是促进和监督干部忠于职守，组织、人事部门正确选拔和考核干部，克服用人上的主观主义和官僚主义，提高干部政策、思想水平的有效工具。

一、述职报告概述

1. 述职报告的概念

述职报告是指各级机关、企事业单位、社会团体的领导者或工作人员，向所在单位的人事部门、主管领导以及上级单位陈述自己在一定时间内履行岗位工作职责的成绩和问题，是一种自我评述性的应用文。

2. 述职报告的种类

根据不同的分类方式，述职报告有不同的种类，详见下表。

述职报告的种类

划分标准	类别	含义
从内容上划分	综合性述职报告	报告内容是对一个时期所做工作的全面、综合的反映
	专题性述职报告	报告内容是对某一方面工作的专题反映
	单项工作述职报告	报告内容是对某项具体工作的汇报，其往往是临时性、专项性的工作
从时间上划分	任期述职报告	对任现职以来的总体工作进行报告。一般来说，时间较长，涉及面较广，要写出一届任期的情况
	年度述职报告	一年一度的述职报告，写本年度的履职情况
	临时性述职报告	指担任某项临时性的职务，写出其任职情况。比如，负责一期的招生工作，或组织一项体育竞赛，写出其履职情况
从表达形式上划分	口头述职报告	用口语化语言写成的述职报告
	书面述职报告	用书面语写成的述职报告

二、述职报告的结构和写法

述职报告一般由标题、称谓、正文、署名和成文日期等几部分构成。

1. 标题

（1）公文式标题

包括单位名称、职务、姓名、任职时间和文种，但可省略部分要素，如“××财政厅×××任职期间的述职报告”“20××—20××年任商业局长职务的述职报告”“××公司×××述职报告”。也可直接用文种名称作标题，如“述职报告”，这是最常用的一种标题形式。

（2）文章式标题

以正题或正副题配合，如“思想政治工作要结合经济工作一起抓——××造纸厂厂长王××的述职报告”。

2. 称谓

听取述职报告的对象，或是某个部门，或是负责人。

（1）书面报告，如“××党委”“××组织部”或“××人事处”等。

（2）口述报告，如“各位代表”“各位委员”“各位同志”“各位领导”等。

3. 正文

正文由引言、主体和结尾三部分构成。

（1）引言

一般交代述职者的基本情况，包括何时任何职、工作变动情况、背景情况、岗位职责、考核期内的目标任务情况及对个人尽职的总体评价、确定述职范围和基调等。这部分要写得简明扼要，给听（读）者一个大体印象。

（2）主体

陈述自己的工作实绩、做法、经验、体会、教训和问题等，这是报告的重点部分。

主体部分要写得具体、充实，有理有据，条理清楚。由于这部分内容涉及面广、量多，宜分条列项地写出。“条”“项”要注意内在逻辑关系，可按性质不同分成几个方面（可列小标题）来写，每个方面可先写实绩，后写认识和做法；也可先写认识和做法，再写实绩。

具体包括以下几个方面：对党和国家的路线、方针、政策、法纪和指示的贯彻执行情况；对上级交办事项的完成情况；对分管工作任务的完成情况；在工作中出了哪些主意，采取了哪些措施，做出了哪些决策，解决了哪些实际问题，纠正了哪些偏差，做了哪些实际工作，取得了哪些业绩；个人的思想作风、职业道德、廉洁从政和关心群众等情况；写出存在的主要问题，并分析问题产生的原因，提出今后改进的意见和措施。

（3）结尾

要从实际出发，评价自己在工作中的成绩和不足，表示自己将更加尽职尽责地做好本职工作。

结尾也可以写上结束语，如“以上报告，请审阅”“特此报告，请审查”“以上报告，请领导、同志们批评指正”等。

4. 署名和成文日期

写上述职者姓名和述职日期。署名可放在标题之下，也可放在文尾。

三、撰写述职报告的注意事项

第一，充分反映出自己在任期内的工作实绩和问题。工作实绩如何，是检验干部称职与否的主要标志，述职者要充分认识这一点，实事求是地把自己的工作实绩和问题反映出来。

第二，要实事求是地评价自己。对自己的评价要实事求是，不夸大、不缩小，要准确恰当、有分寸，不说过头话、大话、假话、套话、空话。同时，注意处理以下几个关系：

一是处理好成绩和问题的关系，理直气壮摆成绩，诚恳大胆讲失误。

二是处理好集体和个人的关系，不能把集体之功归于个人，也不要抹杀了个人的作用，分清个人实绩和集体实绩。

三是在表述上处理好叙和议的关系，以叙述为主，把自己做过的工作实绩写出来。议论是对照岗位规范，根据叙述的事实引出评价，不能拔高。

第三，要抓住重点，突出个性。表述的内容应抓住重点，将最能显示工作实绩的大事件或关键事件写入述职报告。凡重点工作、经验、体会或问题等，一定要有理有据，充实具体；一般性、事务性工作，宜概括说明，不必面面俱到。还应突出个人特色，展现自己独有的气质、风格和贡献，让人能分辨出自己在具体工作中所起的作用。

四、例文评析

例文

个人述职报告

标题：
文种

我自20××年参加工作以来，一直坚持党的教育方针，贯彻执行党在新时期下关于素质教育的方针政策，着力于培养学生的创新能力，既教书又育人。在工作中，不怕困难，勇挑重担，顽强拼搏，敢于创新，在教育教学方面取得了一定的成绩。

引言：
概述工作原则和态度。

一、教学手段及方法

我参加工作的这六年，可以说是语文教学不断改革和探索的时期。在这几年里，市、区教育局不断提倡改革，鼓励教学上的大胆创新。在这种教学思想的引导下，我也努力探索，大胆尝试，逐渐摸索出了一套适合自己教学的方法。为了调动学生上课参与的积极性，发挥学生的主体作用，提高课堂教学的效率，我采取了如下一些措施和方法：

主体：
叙述工作情况，分为教学工作和班主任工作两部分。先概述工作思路，接着重点述说措施、方法，最后总结工作成绩。

1. 牢牢把握“读”的环节，让语文教学的课堂充满朗朗的读书声。

古语云：“书读百遍，其义自现”，说的就是“读”的重要性。上课的时候，我注重读的方式和方法，把“读”分为个人“读”、小组“读”、带“读”、抢“读”、竞赛“读”，其中学生最喜欢的就是竞赛“读”了。具体操作是这样的：我把全班同学分为四组，以组为单位，然后进行朗读比赛；一组在“读”的时候，其他组听，等到这组读完后，其他组指出这组在读的过程中读错的字，错一个扣10分，然后把这组的最后得分记入他们的学期总分，学期末进行奖励。由于有这样一个强有力的竞争机制，学生上课的参与热情很高，既认真寻找别人读错的字，又积极锻炼自己的朗读能力，取得了较好的学习效果。

2. 注重课堂提问艺术，引入竞争机制，让学生上课积极思考。（略）

3. 探索研究新教法、新课型，全面提高学生的语文素质。（略）

4. 运用多媒体教学，提高语文课堂教学的效率。（略）

在这几年的语文教学中，我深深地体会到：语文教学关键是一个“活”字，死抠书本，死记硬背，是绝对出不了成绩的。对“活”的理解是多种多样的，有教学模式上的改变，有教学手法上的创新。我在语文教学中能“活”字当先，不拘一格，所以我的语文课受到了同学们的喜爱和欢迎。这几年的语文教学，也取得了一定的成绩。

20×× 年至 20×× 年，我连续四年担任初三毕业班的语文教学工作，教学成绩年年超出区平均分，20×× 年初中升学考试，我班的 ××× 同学达到了单科标准分 789 的高分，创下了我校单科得分最好纪录。

同时，在辅导学生参加市、区各项竞赛方面也取得了不错的成绩。（略）

二、班主任工作方面

在坚持教好书的同时，我从未放弃过育好人。从参加工作的第一年起，我连续五年担任班主任，其中四年是初三毕业班的班主任。我在班主任工作中，主要做到了两个字："爱"和"严"，这使我在班主任工作中取得了较好的成绩，既转化了一大批后进生，又培养了一批优秀学生。

1. 有一颗爱心，这是做好工作的前提。(略)

2. 细心、耐心、诚心，这是做好工作的基础。(略)

3. 严格要求，措施得力，这是做好工作的保证。(略)

我的工作成绩得到了学校领导和上级主管部门的肯定，20×× 年，我被评为"×× 区优秀德育工作者"；20×× 年，我的年度考核被学校评为"优秀"，并获得了 ×× 区的嘉奖。

在工作的同时，我也不忘提高自己的理论水平，积极参加市、区教育局组织的各项论文竞赛。20×× 年，我的论文《诗词教学中形象思维的拓展》获得区二等奖，《班会课教学设计》获得区三等奖。

"捧着一颗心来，不带半根草去"，陶行知先生的真知灼见，言犹在耳，我深感一位人民教师的责任，也深感一位人民教师的光荣。成绩属于过去，未来才属于自己，作为一名青年教师，我知道我的工作才刚刚开始，我将勇于进取，不断创新，争取更大的成绩。

结尾：
指明努力方向。

×××

20×× 年 × 月 × 日

署名

成文日期

例文评析

这是一篇教师个人的述职报告，采取总—分—总的结构形式。开头先概述工作态度，主体分为教学工作和班主任工作两个层面介绍了工作情况和取得的成绩，结尾指明努力方向。整篇文章思路清晰，层次分明，重点突出，较好地对自己的工作进行了总结。

课后习题

一、改错题

请指出以下述职报告存在的问题。

述职报告

尊敬的各位领导，同事们：

你们好！

现在，我把自己一年来思想工作方面的情况作一汇报，请大家批评指正。

一、政治上一身正气、两袖清风

本人本着“一身正气、两袖清风”的做人原则，恪守“公生明、廉生威”的人生信条。在办事时做到公正、公平、合理，一心为公，廉洁自律，以服众人。我常常深思：“当干部为什么？”当干部最简单的就是在党和国家安排的岗位上，尽职尽责，忠于职守，多劳多得的事要干，多劳少得的事也要干，甚至是劳而不得的事，只要是工作需要更要带头干。在工作中就应该为企业着想，为大家着想，不能讲享受，更不能讲攀比，如果攀比就要攀比人之所长，人之所优，强化学习业务知识，熟练掌握管理技能。在享受方面，我总是低调处理，在用权方面，我更是出于公心，一切以能发挥领导的整体效能作用为前提，从不将自己的意见强加于别人头上，凡事三思而后行，带头做出表率。

二、学习上精益求精、永不知足（略）

三、工作上勤奋敬业、尽职尽责（略）

四、今后的努力方向

回顾20××年这一年来的工作，我认为自己做到了政治上一身正气、两袖清风，学习上精益求精、永不知足，工作上勤奋敬业、尽职尽责。

当然我也深知自己在工作中还存在着许多不足，需要领导和同志们的帮助和自己的来年努力。我想，在明年的工作中，一定要努力做到以下三点：

1.放下包袱，抛开手脚，争当一名优秀的副总经理。（略）

2. 严格要求，廉洁自律，做好表率。(略)

3. 努力学习，提高素质和工作能力，为电业局多种经营的发展作出贡献。(略)

二、写作题

请以班长的名义，就上学期的工作情况撰写一份述职报告。

第九节　规章制度

学习目标

- ◆ 掌握规章制度的概念和种类
- ◆ 掌握规章制度的写作结构和方法
- ◆ 能够根据所给的材料写出符合要求的规章制度

规章制度的应用范围很广，社会各行各业一般都有相关的规章制度，它是人们的行动准则，对人们的行为具有指导和约束作用。完善规章制度，对于保证生产经营等工作顺利进行，加强科学化和规范化管理具有极为重要的作用。

一、规章制度概述

1. 规章制度的概念

规章制度是一种统称，是各级机关、企事业单位、社会团体为实施管理的需要，依照国家法律、法规和政策而制发的，对一定范围内有关工作、活动及人员的行为做出规范要求并具有约束力的应用文书。规章制度有时被称为法规性文书。

2. 规章制度的种类

规章制度的种类很多，章程、条例、细则、规定、办法、制度、规则、规程、守则等，都属于规章制度范畴。不同的规章制度，其制定的依据及所发挥的约束力、适用范围也有所不同。

（1）章程

章程是政党、团体、企业或其他组织依据法律法规，对本组织的性质、宗旨、任务、组织原则、成员条件、成员权利和义务、机构设置、职权范围、活动规则、纪律措施等做出规范要求的文书。章程应由该组织代表大会讨论通过后公布实行。国家行政机关及其职能部门一般不使用章程这一文种。

（2）条例

条例是由国家机关制定或批准，对某方面的工作或某一重大事项的处理方式及某一组织的宗旨、职权等做出全面、系统、原则的规定，带有法规性质，如“中华人民共和国婚姻登记条例”。条例一般是由全国人民代表大会、国务院或党的中央机关制定颁发。企业不使用条例。

（3）细则

细则是为了贯彻执行条例中某一条款或某几条条款制定的详细规则。

（4）规定

规定是对特定范围内的工作和行为提出具体的约束性意见或措施的法规文书，如“禁止使用童工规定”。

（5）办法

办法是针对某项工作或某一方面活动的具体方法、步骤、措施等做出规定的文书，如“×× 化工集团公司财务管理办法”。

（6）制度

制度是为了加强对某项工作的管理而制定的要求有关人员共同遵守的管理操作规程和行为准则，如“×× 公司档案管理制度”。

（7）规则

规则是针对某些局部范围的工作或活动做出具体详细规定，以保证有序进行的文书，如“×× 比赛竞猜游戏规则”。

（8）规程

规程是为了规范人们的行为，针对具体事务制定的具有引导性的生产或活动程序，如“×× 运动会跳水竞赛规程”。

（9）守则

守则是要求特定的群体共同遵守的道德和行为规范的文书，如“员工守则”。

二、规章制度的结构和写法

不同种类的规章制度尽管制发的依据、所发挥的约束力有所不同，但在写法上大体类似。规章制度一般由标题、题注和正文三部分构成。

1. 标题

规章制度的标题通常是由制定和发布规章制度的单位名称、事由和文种构成。

（1）完全式

单位名称 + 事由 + 文种，如“民政部立法工作程序规定”，也可用“关于”引出事由，如“全国人民代表大会常务委员会关于惩治走私犯罪的补充规定”。

（2）两项式

即只含两部分，或者是单位名称 + 文种，如“中国科技协会章程”；或者是事由 + 文种，如“出版物汉字使用管理规定”。

规章制度如果是暂行或试行的，应当在标题中注明“暂行”或“试行”字样。

2. 题注

在标题之下用圆括号注明发布单位和发布时间，如果是会议讨论通过的，通常需注明讨论通过的会议名称和时间，如：

中华人民共和国合伙企业登记管理办法

2007 年 5 月 9 日

（1997 年 11 月 19 日中华人民共和国国务院令第 236 号发布，根据 2007 年 5 月 9 日《国务院关于修改〈中华人民共和国合伙企业登记管理办法〉的决定》修订）

3. 正文

规章制度的正文结构一般有以下两种形式：

（1）章条式

即将内容分成若干章，每章又分成若干条，章断条连。第一章是总则，中间各章内容是分则，最后一章是附则。

总则一般写明制定规章制度的依据、目的、宗旨、背景、基本原则、意义、适用范围等。

分则是接在总则后面写出具体内容，通常按事物之间的逻辑顺序，或按工作活动程序分条列项，表明规定、要求、过程、构成、奖罚等具体内容。

附则说明规章制度的制定权、修订权、解释权的归属，与其他相关规章制度的关系，施行日期等。

（2）条款式

即内容只分条目，不分章节，适用于内容比较简单的规章制度。一般开头条款说明制定规章制度的目的、依据、适用范围等，主体部分分条列出具体内容。其第一条相当于总则的写法，最后一条相当于附则的写法。

三、撰写规章制度的注意事项

第一，注意内容的合法性。规章制度是人们的行为规范，因此其内容应与党和国家的法律法规、方针政策保持一致，其制定应在广泛、深入调查的基础上，认真分析研究，防止偏颇疏漏，保证文件的相对稳定，做到合情、合理、合法。

第二，注意表达的直接性。规章制度是规定人们应该做什么，怎样做，不能做什么，如有违反将怎样处理，对这些内容都应直接提出，至于“为什么”则不必说明，不摆事实，不谈道理，一切都直接说明，这样才便于执行。

第三，注意语言的准确性。用语应仔细推敲，所规定的内容务必做到准确严谨，没有歧义和漏洞。

四、例文评析

例文一

公务员录用规定

（试行）

第一章　总则

第一条　为了规范公务员录用工作，保证新录用公务员的基本素质，根据公务员法，制定本规定。

第二条　本规定适用于各级机关录用担任主任科员以下及其他相当职务层次的非领导职务公务员。

第三条　录用公务员，坚持公开、平等、竞争、择优的原则，按照德才兼备的标准，采取考试与考察相结合的方法进行。

第四条　录用公务员，必须在规定的编制限额内，并有相应的职位空缺。

第五条　录用公务员，应当按照下列程序进行：

（一）发布招考公告；

（二）报名与资格审查；

（三）考试；

标题：

事由 + 文种

正文：

总则——根据、原则、标准、适用对象。

（四）考察与体检；

（五）公示、审批或备案。

必要时，省级以上公务员主管部门可以对上述程序进行调整。

录用特殊职位的公务员，经省级以上公务员主管部门批准，可以简化程序。

第六条 民族自治地方录用公务员时，依照法律和有关规定对少数民族报考者予以适当照顾。具体办法由省级以上公务员主管部门确定。

第七条 公务员主管部门和招录机关应当采取措施，便利公民报考。

第二章 管理机构（略）

第三章 录用计划与招考公告（略）

第四章 报名与资格审查（略）

第五章 考试（略）

第六章 考察与体检（略）

第七章 公示、审批或备案（略）

第八章 纪律与监督（略）

分则——管理机构、录用计划、报考资格审查、考试、考察、公示、纪律与监督等。

第九章 附则

附则——补充说明、解释权、施行日期。

第三十六条 参照公务员法管理的机关（单位）录用工勤人员以外的工作人员，参照本规定执行。

第三十七条 公务员录用所需经费，应当列入财政预算，予以保障。

第三十八条 本规定由中央公务员主管部门负责解释。

第三十九条 本规定自发布之日起施行。

例文评析

这则规定以章条式安排结构，包括总则、分则和附则三个部分。总则先说明制定该规定的根据、原则、适用对象，分则从七个方面说明公务员录用的各项要求、方法、程序等，附则补充说明实施范围、解释权、施行日期等。本文结构完整，条理分明，具有较强的可执行性。

例文二

外商投资企业采购国产设备退税管理试行办法

第一章　总则

第一条　为鼓励外商投资企业使用国产设备，明确职责和操作程序，依法规范运作，特制定本办法。

第二条　外商投资企业所在地国家税务局按规定负责国产设备的登记、退税、监管、核销工作。

第二章　享受退税的范围和条件

第三条　享受国产设备退税的外商投资企业，是指已经办理税务登记的外商投资企业，包括中外合资企业、中外合作企业、外商独资企业。外商投资企业的外国投资者已投入的资本金必须达到投资各方已到位资本金的25%（含）以上。

（略）

第三章　登记管理（略）

第四章　购销管理（略）

第五章　退税、监管（略）

第六章　其他

第十八条　主管出口退税税务机关应于每年的出口退税清算期内对外商投资企业购进国产设备的使用情况进行核查。

第十九条　外商投资企业采取伪造、涂改登记手册等手段骗取国产设备退税款的，按照《中华人民共和国税收征收管理法》第四十条有关规定处罚，并取消其采购国产设备退税的资格。

第二十条　本办法自1999年9月1日起执行。

标题：

事由＋文种

正文：

开头——制度意义和适用范围。

主体——退税范围和条件、登记管理、购销管理、退税、监管。

结尾——执行要求、处罚、执行时间。

例文评析

这则办法采用章条式结构，分为开头、主体和结尾三个部分。开头介绍制定该办法的目的，主体从四个方面叙述外商投资企业采购国产设备退税管理的具体方法，结尾补充说明执行要求、处罚、执行日期等。本文内容具体，具有较强的可执行性。

课后习题

一、改错题

分析下面这则规章制度的不当之处并进行修改。

阅览室规章制度

本室图书只准室内借阅，不准带出室外，违者将给予通报批评。

借阅图书，凭本人学生证或ID卡，一次一册。

本室采用开架阅览方式。

所借图书要在当天归还，逾期一天不还者，除扣留一周证件外，还要给予通报批评。

所借图书要当面检查是否有损坏，发现有损坏时，向阅览室工作人员声明，否则，还书时发现损坏的将向你追查损失责任。

爱护图书，避免折叠、勾画、污损和剪裁，违者，按有关规定进行赔偿。

维护室内秩序和清洁卫生，不准大声喧哗、聊天、吃零食、吸烟。

禁止穿跨栏背心、短裤、拖鞋进入阅览室。

禁止利用各种物品占座位，不准在桌面和墙壁上乱写乱画。

离开座位时，要轻轻将椅子放在桌子下。

二、写作题

××学校团委为丰富学生的业余生活，成立了不少学生社团，其中摄影协会就是学生很有兴趣参加的社团之一。在团委的指导下，该社团的组织发起者草拟了摄影协会的章程，以进一步规范社团管理，促进社团发展。请代为撰写该章程。

part

03

第三章 公关文书

公关文书是社会组织为了实现自己的公关目标和开展公关活动而制作的各种书面文字材料，它是文书在公共关系中的运用。

本章介绍的公关文书有邀请函、请柬，贺信，感谢信，开幕词、闭幕词，欢迎词、欢送词，祝词，答谢词，讣告、悼词等。

单元内容分配

模块	课程内容	授课课时
必修模块	邀请函、请柬	2 课时
	贺信	2 课时
	感谢信	2 课时
	开幕词、闭幕词	2 课时
	欢迎词、欢送词	2 课时
	祝词	2 课时
	答谢词	2 课时
选修模块	讣告、悼词	2 课时

第一节　邀请函、请柬

学习目标

- 掌握邀请函、请柬的概念和种类
- 掌握邀请函、请柬的写作结构和方法
- 能够根据所给的材料写出符合要求的邀请函、请柬

召开各种会议，举行各种典礼、仪式和活动时，均可以使用邀请函或请柬邀请宾客参加。使用邀请函或请柬，既可以表示对被邀请者的尊重，又可以表示邀请者对此事的郑重态度。

一、邀请函和请柬概述

1. 邀请函和请柬的概念

邀请函和请柬是单位、团体或个人为了举办各种联谊活动、纪念活动、交往活动而向受信方发出郑重邀请的礼仪性书信。

邀请函通常适用于一些普通事项的邀请，在函中向被邀请者说明有关问题，如学术研讨会、经验交流会、纪念会、订货会等。

请柬一般用于较庄重严肃的场合，邀请的事项单一，格式严谨而固定，如婚庆典礼和开业典礼等。

2. 邀请函和请柬的种类

按性质划分，可分为私人事务、工作事务的邀请函和请柬，国内事务、国际事务的邀请函和请柬。

按用途划分，可分为宴会、典礼、会议、展览的邀请函和请柬。

按受文对象划分，可分为专发式、普发式的邀请函和请柬。

按书写方式划分，可分为横排式、竖排式的邀请函和请柬。

二、邀请函和请柬的结构和写法

邀请函和请柬一般由封面、称谓、正文、署名和成文日期等几部分构成。

1. 封面

邀请函和请柬的封面居中写“邀请函”或“请柬”，字体较大，要醒目和美观。有时也可加上活动名称，如“关于举办服装展销会的邀请函”。

邀请函的封面标题还可包括个性化的活动主题标语，如“网聚财富主角——阿里巴巴年终客户答谢会邀请函”，通过加入活动主题标语可以体现举办方独有的企业文化特色。

2. 称谓

顶格书写，为表示尊重，个人姓名之后应有职务、职称，如“总经理”“局长”“教授”“主任”等，或者加上“先生”“女士”“小姐”等称谓，如“尊敬的 ××× 先生 / 女士”。

3. 正文

写清邀请的目的，活动内容、时间、地点及应注意的一些事项。

开头一般告知被邀请方举办礼仪活动的原因、意图，接着写明活动内容、事项及要求，以及活动的地点和时间安排等，并对被邀请方发出热情诚恳的邀请。

此外，如差旅费、活动经费和被邀请方应准备的材料、文件、发言等，如有需要，也应在文中交代清楚。若邀请方与被邀请方相距较远，还应写明交通路线等内容，并留下主办方的联系人、联系电话、传真、电子邮件地址、企业网址等。

还需注意的是，为了确保活动的顺利进行，邀请函有时需要通过“回执”来确认被邀请方能否按时参加活动。根据回执可了解被邀请方的详细信息，如所在单位、姓名、性别、职务、级别、民族习惯等，这有利于主办方制定合理的接待标准和规格，安排相应的接待程序，避免主办方因安排不当、礼仪欠妥而造成不良的影响。

最后，一般以“敬请（恭请）光临”“此致，敬礼”“届时敬请光临”“敬请届时拨冗光临”“诚邀阁下届时光临”“敬请莅临指导”等作为结语。

4. 署名和成文日期

要写明活动主办方的全称，并加盖公章。成文日期年、月、日要齐全。

三、撰写邀请函和请柬的注意事项

第一，文字要得体，用词要谦恭，要充分表现出邀请方的热情与诚意。

第二，语言要精练、准确，凡涉及时间、地点、人名、头衔等一些关键性词语，一定要核准、查实。

第三，语言要得体、庄重。邀请函和请柬的使用，包含有表示尊重、联络情感的意味，具有礼仪性。

第四，纸质、款式和装帧设计上，要注重艺术性，做到美观、大方。

四、例文评析

例文一

第56届全国电子产品展销会暨20××年（上海）国际消费电子展 **请柬**	**封面：** 事由＋文种
尊敬的×××先生/女士/小姐：	**称谓**
第56届全国电子产品展销会暨20××年（上海）国际消费电子展开幕仪式定于20××年10月25日（星期三）上午9：30在上海光大会展中心东馆（漕宝路78号）举行。诚邀您届时莅临指导。	**正文：** 写明活动的内容、时间、地点及其他应知事项。
第56届全国电子产品展销会组委会	**署名**
20××年10月18日	**成文日期**
（敬请持本柬的贵宾于上午9：00准时到会展中心贵宾休息室签到）	**尾部附注：** 补充信息。

例文评析

这份请柬格式正确，表达得体，体现了对被邀请方的尊重。通过附注的“签到”信息，可在活动过程中了解被邀请方的实际出席人数，为展会的顺利举办做更充足的准备。

例文二

第56届全国电子产品展销会暨××××年（上海）国际消费电子展
邀请函

尊敬的×××先生：

您好！

第56届全国电子产品展销会暨20××年（上海）国际消费电子展，定于20××年10月25日至28日在上海光大会展中心举行。本届展会，展厅面积达3万平方米，参展的中外电子企业逾千家，称得上是中国电子工业的一次盛大检阅。从展会所展示的技术和产品中，人们可以充分感受到中国电子工业进一步腾飞所展现的新成果、新面貌以及中国电子工业快速发展的新趋势。

受本届展销会组委会委托，特邀请您出席定于20××年10月25日上午9：30在上海光大会展中心东馆（漕宝路78号）举行的第56届全国电子产品展销会暨20××年（上海）国际消费电子展开幕仪式，并参观指导。

本次活动记者签到时间和地点：20××年10月25日上午9：15—9：30，上海光大会展中心东馆正门南侧签到处。

谢谢您的支持和合作。

上海××公共关系有限公司

20××年10月18日

如有垂询，敬请与本公司下列人员联系：

×××小姐　电话：×××××××××

×××先生　电话：×××××××××

封面：
事由＋文种

称谓

正文：
对电子展的基本情况进行介绍，最后发出正式邀请。

署名

成文日期

尾部附注：
附上联系人和联系电话，以方便被邀请方在会议（或活动）前进一步了解有关情况。

例文评析

邀请函作为对宾客发出邀请的一种专用函件，一般用A4纸印制，可套色，也可单色，外观形式上不如请柬考究，但其优点是：它有足够的篇幅（一页或多页），可对一次会议（或活动）的背景情况、具体内容以及规模和形式等方面做较为详尽的介绍和说明，从而引起被邀请方的关注，激发被邀请方的兴趣。本邀请函内容完整，格式正确，适用于带有一定商业化运作性质的活动邀请，具有“投石问路”“广种薄收”的意味。

课后习题

一、改错题

请指出下面这份请柬存在的问题并修改。

请　柬

××× 同学：

兹定于20×× 年4月6日上午10时到校医院看望病重的 ×× 老师，届时请准时到校医院指导。

×× 班委

20×× 年4月4日

二、写作题

×× 科技有限公司拟于20×× 年8月8日8：00—18：00在花园酒店举办科教仪器商品洽谈会，拟邀请有关商家参加。请据此信息，以该公司的名义，制作一份邀请函。要求格式、措辞规范，有关内容可以合理扩充。

第二节 贺信

学习目标

- 掌握贺信的概念和种类
- 掌握贺信的写作结构和方法
- 能够根据所给的材料写出符合要求的贺信

随着社会经济的发展和国家、集体及个人之间交际活动的日益频繁和深入，贺信与我们日常生活的关系日益紧密。在国家、集体举行的重要活动、重要会议以及个人的婚庆、寿辰、荣升、庆典等重要场合，贺信往往能起到渲染、烘托气氛，密切双方关系的作用。

一、贺信概述

1. 贺信的概念

贺信是指各级机关、企事业单位、社会团体或个人向取得突出成绩或举行重要的庆典、纪念活动的单位或个人表示祝贺的一种专用礼仪文书。

2. 贺信的种类

按照祝贺对象的不同，可分为以下几类：

（1）对上级的贺信

一般是就某事项对上级表示祝贺，这类贺信往往带有敬意。

（2）对同级的贺信

是对同级或不相隶属单位的祝贺，这类贺信往往更多的是出于礼仪需要。

（3）对下级的贺信

往往表达上级对下级的关怀和祝贺，言辞亲切。

二、贺信的结构和写法

贺信一般由标题、称谓、正文、署名和成文日期等几部分构成。

1. 标题

贺信的标题通常由文种构成，如在第一行正中书写“贺信”二字，也可在“贺信”前面写上谁给谁的贺信以及被祝贺的事由。

2. 称谓

顶格写明被祝贺单位名称或个人姓名。写给个人的，要在姓名后加上相应的礼仪名称，称呼之后要用冒号。

3. 正文

贺信正文的内容一般包括引言、主体和结尾三部分。

引言部分要对对方取得的成绩、贡献或重要的喜事、会议、节日等表示祝贺、赞颂。

主体部分着重交代以下几项内容：

第一，介绍对方取得重大成就的有关背景材料，或者其中某些重要活动成功的前因后果。

第二，交代祝贺的原因，概括说明或分析对方取得成绩的主客观原因。

第三，表示热烈的祝贺，由衷地表达自己真诚的祝福，或提出希望和期盼。

结尾一般写上祝愿的话，如“此致，敬礼”“祝取得更大的成绩”“祝您健康长寿”等。

4. 署名和成文日期

写明发文单位名称或个人姓名，单位的贺信需加盖公章。成文日期年、月、日要齐全。

三、撰写贺信的注意事项

第一，感情要真挚。因为贺信是加强彼此联系、增强双方交流的重要手段，所以贺信表达的感情要饱满充沛，要体现真诚的祝福，冷冰冰的陈述和评价是表达不出祝贺者心愿的。

第二，内容要真实。贺信表示祝贺、评价成绩要恰如其分并有新意。

第三，语言要精练。贺信语言应简洁明快，不堆砌华丽辞藻，篇幅也应短小精悍。

四、例文评析

例文一

贺信

尊敬的宏达集团公司张 ×× 董事长并全体同仁：

欣闻宏达药业有限公司成功改制为宏达集团公司，这是宏达发展历程中具有里程碑意义的大喜事。值此宏达集团公司揭牌之际，通化公司董事长兼总经理钱 ×× 携全体员工向宏达集团公司张 ×× 董事长及全体同仁致以最热烈的祝贺！

宏达公司诞生于新中国成立初期，发展壮大于改革开放的新时代。具有光荣历史的宏达公司秉承“×××，×××”的企业精神，解放思想，更新观念，抢抓机遇，求真务实，开拓进取，创造了一个又一个药业奇迹，为我国医药工业的发展和现代化建设作出了突出贡献，成为国内医药界学习、尊敬和推崇的楷模。

宏达药业有限公司改制为宏达集团公司，掀开了企业发展崭新的一页，也标志着宏达集团公司向着现代化、国际化大公司的发展方向又迈出了更加坚实的一步。我们坚信，在张 ×× 董事长及董事会的正确领导下，通过经营层和全体员工的不懈努力，贵公司必将迎来更加辉煌灿烂的明天！

最后，借宏达集团公司揭牌之际，衷心希望我们同心携手，进一步增进相互间的友谊，不断加强双方的合作，用智慧和双手创造我们更加美好的未来。

衷心祝愿宏达集团公司蒸蒸日上，兴旺发达！

衷心祝愿宏达集团公司全体员工身体健康，生活更加美好！

通化公司

20×× 年 × 月 × 日

标题：
文种
称谓

正文：
引言写明了祝贺的原因。

主体部分先对宏达公司取得的成绩进行了交代，然后对宏达公司未来的发展表达了祝愿。

结尾表示了进一步的祝贺。

署名

成文日期

例文评析

这是一封祝贺同行的贺信，首先对宏达药业有限公司成功改制为宏达集团公司表示衷心的祝贺；接着简要回顾宏达集团公司的发展历程，颂扬宏达所取得的辉煌业绩，展望改制后的宏达集团公司的美好前景，同时表达了进一步携手合作的愿望；最后再次表示祝贺。全文语言简洁明快，情真意切，内容表达恰如其分，感情饱满充沛。

例文二

×××为青藏铁路全线铺通致贺信

标题：
单位＋事由＋文种

称谓

铁道部，青海省、西藏自治区党委和人民政府，青藏铁路全体参建干部职工：

正文：
引言写明了祝贺的原因。

青藏铁路全线铺通是我国社会主义现代化建设取得的一个重大成就，对于实施西部大开发战略，对于加快青海、西藏经济社会发展，对于改善沿线各族群众生活、加强民族团结、共同实现全面建设小康社会的宏伟目标，都具有十分重要的意义。我代表党中央、国务院，向你们表示热烈的祝贺和诚挚的慰问！

主体部分对青藏铁路通车的重要成就进行了阐述。

建设青藏铁路，是党中央、国务院从推进西部大开发，实现我国各民族共同繁荣发展的大局出发做出的一项重大决策。建设这条世界上海拔最高、线路里程最长的高原铁路，是人类铁路建设史上前所未有的壮举。四年多来，各参建单位和广大干部职工坚持以科学发展观为指导，发扬挑战极限、勇创一流的青藏铁路精神，顽强拼搏，开拓进取，勇克难关，胜利完成了全线铺通的任务，谱写了我国铁路建设史的新篇章。

结尾对未来的发展提出希望和要求。

希望你们再接再厉，乘胜前进，高标准、高质量地做好工程配套和运营准备工作，全面实现建设一流高原铁路的目标，确保青藏铁路如期投入运营，造福沿线各族群众，为全面建设小康社会、加快推进社会主义现代化作出新的贡献。

20×× 年 × 月 × 日　　成文日期

例文评析

这是一封上级对下级的贺信，首先深刻阐明了青藏铁路铺通的重要意义，接着对参建单位及广大干部职工的顽强拼搏精神做出了高度的评价，最后提出殷切的希望，激励干部职工为实现新的目标而奋斗。全文层次清晰，语言庄重而热烈，充分表达出对青藏铁路参建单位及广大干部职工的关怀和祝贺。

课后习题

一、改错题

分析下面这篇贺信的不当之处，并进行修改。

贺　　信

亲爱的国家乒乓球队运动员们：

值此四十三届世界乒乓球锦标赛闭幕之际，获悉你们夺得了七个项目全部的冠军，非常荣幸。你们为国争了光，特向你们致以热烈的祝贺。希望你们再接再厉，取得更大成就。

谨致

敬礼

××省中山学校20××级1班学生李××

二、写作题

20××年3月5日是××啤酒厂成立20周年庆典之日，请以该厂销售代理商的名义撰写一封贺信，祝贺××啤酒厂成立20年来取得的非凡成就。

第三节　感谢信

学习目标

- 掌握感谢信的概念和种类
- 掌握感谢信的写作结构和方法
- 能够根据所给的材料写出符合要求的感谢信

知恩图报是一种美德，当对方给予了自己关怀和支援时，用感谢信来表达感激之情，是一种文明而真诚的方式。在现代社会的人际沟通和交往中，感谢信可以发挥增进友谊、加深理解、互帮互助的作用，对于形成良好的社会风气和道德环境有其独特的效果。

一、感谢信概述

1. 感谢信的概念

感谢信是一种礼仪文书，是专门用来向对自己有所帮助、支持的单位、集体或个人表示感谢之意的书信。

2. 感谢信的种类

感谢信依据不同的角度有不同的种类。

（1）根据感谢对象的特点划分

1）给集体的感谢信。这种感谢信一般是在遇到困难时得到了集体或众人的帮助和扶持，所以要用感谢信的方式表达自己的感激之情。

2）给个人的感谢信。这种感谢信是向曾给予自己帮助、照顾的个人表达感谢之意。

（2）根据感谢信的存在形式划分

1）公开张贴的感谢信。这种感谢信通过报刊、电台、电视台或网络进行宣传，是一种公开的感谢信。

2）寄给单位或个人的感谢信。这种感谢信直接寄给单位或个人，以表感谢之意。

二、感谢信的结构和写法

感谢信一般由标题、称谓、正文、署名和成文日期等几部分构成。

1. 标题

感谢信的标题写法通常有以下三种形式：

一是单独由文种构成，即“感谢信”三个字。

二是由感谢对象和文种构成，即在“感谢信”的前面加上一个修饰语，说明是因为什么事情而写的感谢信或写给谁的感谢信，如“致 ×× 的感谢信”。

三是由感谢双方和文种构成，如“×× 办事处致 ×× 公司的感谢信”。

2. 称谓

即被感谢的单位名称或个人姓名。个人姓名后加“同志”或“先生 / 女士”等尊称，有的还可以加上一定的修饰词，如“亲爱的”“尊敬的”等，后加冒号。一般称谓后加问候语，如写“您好”“近来安好”等，问候语常常独立成段，不可直接接下文。如果感谢对象比较多，也可以把感谢对象放在正文中间提出。

3. 正文

正文部分是感谢信的主体，主要写感谢的原因和感谢的内容。应分段写出以下几个方面：

首先写出感谢的事情，简练地叙述事情的经过，叙述时应写清人物、事件、时间、地点、原因和结果，尤其是重点叙述对方给予帮助的重要性。

然后进行升华，在描述的基础上指出对方的帮助所体现出的优秀品质，以及对社会、对自己产生的积极影响和重大意义，同时表示向对方学习的态度和决心。

结尾也称祝颂语，写表示尊敬、感激的话，如“致以诚挚的敬意”“此致，敬礼”等。

4. 署名和成文日期

署上单位名称或个人姓名，有时也可在写信人姓名之前注明与收信人的关系，如“你的朋友 ×××”等，单位的感谢信需加盖公章。成文日期年、月、日要齐全。

三、撰写感谢信的注意事项

第一，感谢的事项必须真实。感谢信要求把被感谢的对象、事件、时间、地点等内容准确、实事求是地叙述出来。

第二，感激之情要真挚、诚恳。感谢者在叙述事实时，除了要突出对方的优秀品质和表示谢意外，行文要始终饱含着感激之情，感情要真挚、诚恳。

第三，表示谢意要恰如其分。感谢信以说明事实为主，评价要恰当，切忌不着边际地大发议论。对语言的要求是简洁明快，遣词造句要适可而止，不可过分冠冕堂皇，否则会给人以虚假的感觉。

四、例文评析

例文一

<table>
<tr><td>感谢信</td><td>标题：
文种</td></tr>
<tr><td>×××总经理：</td><td>称谓</td></tr>
<tr><td>您好！
您是一位有高尚品德和爱心的企业家和慈善家，衷心地感谢您对我们一家的帮助和支持！我们是一个残疾人家庭，全家仅靠政府的低保维持生计，我们的孩子××有幸得到您的爱心资助，为他缴纳学费，并定期给予生活补助，才使他没有辍学，能够安心继续完成学业。我们会教育孩子珍惜来之不易的学习机会，勤奋努力，长大后回报社会，帮助他人，做一个对社会有用的人。</td><td>正文：
写出感谢的事由，表达感激之情。</td></tr>
<tr><td>此致
敬礼</td><td>祝颂语</td></tr>
<tr><td>×××</td><td>署名</td></tr>
<tr><td>20××年×月×日</td><td>成文日期</td></tr>
</table>

例文评析

这是一封写给个人的感谢信，由衷地表达了对对方的感谢之意，同时也表明了教育好孩子、不辜负期望的态度，语言朴实，表意真切。

例文二

感谢信	标题： 文种
×× 公司 ×× 总经理：	称谓
首先让我们向您致以衷心的感谢！ 日前，当我们“中英贸易和投资洽谈会”上海分团正为赴英选带什么礼品而着急时，是您及时伸出援助之手，×× 公司的同志们昼夜加班，赶制出一份独特的礼品，使我们深深感到 ×× 公司制作的礼品美，×× 公司的同志们助人的心灵更美。 让我们再次感谢总经理和 ×× 公司同志们的支持和诚挚友情！	正文： 写出感谢的事由，表达感激之情。
此致 敬礼	祝颂语
上海分团	署名
20×× 年 × 月 × 日	成文日期

例文评析

这是一封写给集体的感谢信，叙述了感谢的事由和对方的事迹，评价并颂扬了对方的所作所为，结构完整，情真意切。

课后习题

一、改错题

分析下面这篇感谢信的不当之处，并进行修改。

感谢信

×× 市人民医院：

我在患病住院期间，贵院对我关怀备至，调动各种医疗资源，给我以最好的治疗，这是值得肯定的，也是应该大力表彰的。人民医院为人民，这样做就对了！如果医院对病人冷漠，只知道赚黑心钱，这哪像是人民医院呢？这与旧社会的医院又有什么区别呢？

希望贵院再接再厉，继续努力，把白求恩的救死扶伤精神发扬光大下去，为净化社会环境，维系中华民族优良的道德传统，作出更大的贡献！借此深表谢意。

此致

敬礼

刘××

二、写作题

2020 年 1 月以来，新冠疫情肆虐荆楚大地，全国各地的医疗队纷纷驰援湖北。请以痊愈患者的名义写一封感谢信，感谢全国各地的白衣天使给予他们的治疗和关爱。格式、措辞要符合感谢信的写作要求。

第四节　开幕词、闭幕词

学习目标

- ◆ 掌握开幕词、闭幕词的概念和种类
- ◆ 掌握开幕词、闭幕词的写作结构和方法
- ◆ 能够根据所给的材料写出符合要求的开幕词、闭幕词

开幕词是会议正式开始的标志，主要领导人亲临会议并致开幕词，显示了组织者对会议的重视。与开幕词相对应，重要会议一般都有闭幕词，这是一道必不可少的程序，标志着整个会议的结束。

一、开幕词和闭幕词概述

1. 开幕词和闭幕词的概念

开幕词是各级机关、企事业单位和社会团体的领导宣布会议开始、交代会议任务、阐述会议宗旨和介绍与会议有关事项的致词。

闭幕词是一些大型会议结束时由有关领导人向全体与会人员所作的总结性致词。

2. 开幕词和闭幕词的种类

按性质划分，可分为用于各级机关、企事业单位、社会团体的大型会议的开幕词和闭幕词，用于商务洽谈、交易会、学术研讨会、展览、运动会等大型活动的开幕词和闭幕词，用于周年庆典、开业庆典等大型庆典的开幕词和闭幕词。

按范围划分，可分为国际性活动、国家级活动、区域性活动和基层活动的开幕词和闭幕词。

按形式划分，可分为宣讲式、表态式、鼓动式、祝贺式、礼仪式开幕词和闭幕词。

二、开幕词和闭幕词的结构和写法

1. 开幕词的结构和写法

开幕词由标题、致词人、日期、称谓和正文等几部分构成。

（1）标题

一是由事由和文种构成，如“中韩经济研讨会开幕词”；二是由致词人、事由和文种构成，如“××董事长在××招投资洽谈会上的开幕词”；三是复式标题，主标题揭示会议的宗旨、中心内容，副标题与前两种标题的构成形式相同，如“在党的十九大精神指引下全面推进公司持续发展——××公司职工代表大会×届×次会议开幕词”。

（2）致词人

标题的正下方注明致词人姓名。

（3）日期

日期标注于致词人的正下方，并加圆括号。也可以不标注。

（4）称谓

一般根据会议的性质及与会者的身份确定称谓，如“同志们”“各位代表、各位来宾”“运动员同志们”等。称谓应顶格书写，后面加冒号。称谓对象较多时，可分类别称呼并分行书写，如北京奥组委主席刘淇 2008 年 8 月 8 日晚在第 29 届奥林匹克运动会开幕式上的致词：

尊敬的胡锦涛主席和夫人，

尊敬的罗格主席和夫人，

尊敬的各位来宾，

女士们、先生们，朋友们：

（5）正文

包括引言、主体和结尾三部分。

1）引言。一般开门见山地宣布会议开幕。也可以对会议的规模及与会者的身份做简要介绍，如“参加这次大会的代表有 ××× 人，其中有来自……”，并对会议的召开表示祝贺及对参会人员表示欢迎。需要说明的是，开头部分即使只有一句话，也要单独列为一个自然段，将其与主体部分分开。

2）主体。这是开幕词的核心部分，通常包括三项内容：

一是要阐明会议的意义，通过对以往工作情况的概括总结和对当前形势的分析，说明会议是在什么形势下，为了解决什么问题和达到什么目的召开的。

二是要阐明会议的指导思想，提出会议的任务，说明会议主要议程和安排。

三是为保证会议顺利举行，向与会者提出会议的要求和希望。

3）结尾。开幕词的结尾要简短、有力，并要有号召性和鼓动性。写法上常以呼告语另起一段，如“预祝大会圆满成功”。

2. 闭幕词的结构和写法

闭幕词由标题、致词人、日期、称谓和正文等几部分构成。

（1）标题、致词人、日期、称谓

其写法与开幕词基本相同。

（2）正文

包括引言、主体和结尾三部分。

1）引言。宣布会议已经完成预定任务，现在就要闭幕；用一句话对会议的成果进行概括；对来宾或与会者表示衷心感谢。

2）主体。阐明会议通过的主要事项和基本精神，会议的重要性和深远意义，向与会人员提出贯彻会议精神的基本要求。

一般来说，这几个方面的内容都不能少，而且顺序是基本不变的。写作时要掌握会议精髓，有针对性地对会议内容予以阐述和肯定；同时可就会议未能展开的重要问题做适当强调或补充；行文要热情洋溢，文章要简洁有力，起到激发斗志、增强信念的作用。

3）结尾。结尾部分一般先以坚定语气发出号召，提出希望，表达祝愿等；最后，郑重宣布会议闭幕。

三、撰写开幕词和闭幕词的注意事项

1. 撰写开幕词的注意事项

第一，开幕词对会议宗旨、意义、议程只能做画龙点睛的提示，切忌长篇大论，不要成为大会报告的缩写。

第二，开幕词要具有引导性。开幕词一般要阐明会议的宗旨、任务、目的、意义等，这对于整个会议的成功召开无疑起着导引作用。

第三，开幕词要注重营造庄重热烈的会议气氛。除庄重严肃外，还要生动且富有感情色彩，具有鼓动性，激励与会者的参与意识，调动其开会的积极性。

第四，开幕词的语言要简洁明快，热情亲切，坚定有力，适当口语化，与会议气氛和谐融洽。

2. 撰写闭幕词的注意事项

第一，闭幕词对会议的评价要中肯恰当，并与开幕词前后呼应。

第二，闭幕词要对会议情况高度概括，因此，其篇幅一般都短小精悍，语言简洁明快。

第三，闭幕词要具有号召性。其行文应充满热情，语言坚定有力且富有感染力，真正起到催人奋进的作用，切忌空洞单调的说教。

四、例文评析

例文一

在“中国国际 ×× 展览会”开幕式上的开幕词

×××

（20×× 年 × 月 × 日）

女士们、先生们：

早上好！由新加坡 ×× 有限公司主办、中国 ×× 协会与我分会所属的上海市 ×× 展览公司承办的“中国国际

标题：
事由＋文种
致词人
日期

称谓

引言：
开门见山地宣布会议开幕，对来宾表示欢迎。

××展览会”今天在这里开幕了。我谨代表中国国际贸易促进委员会上海分会、中国国际商会上海分会表示热烈祝贺！向前来上海参展的西班牙、比利时等国以及我国各省的中外厂商表示热烈的欢迎！

本届展览会将集中展示具有国际水准的各类××产品及生产设备，为来自全国各地的科技人员提供一次不出国的技术考察机会；同时，也为海内外同行共同切磋技艺创造了条件。

主体：
阐明会议的内容、意义与希望。

上海是中国最重要的工业基地之一，也是经济、金融、贸易、科技和信息中心。上海作为长江流域乃至全国对外开放的重要窗口，将实行全方位的开放。上海将进一步改善投资环境，扩大与各国各地区的合作领域。我真诚地欢迎各位展商到上海的开发区参观，寻求贸易和投资机会，寻找合作伙伴。作为上海市的对外商会——中国国际贸易促进委员会上海分会将为各位朋友提供卓有成效的服务。

最后，预祝“中国国际××展览会”圆满成功！感谢大家！

结尾：
预祝大会圆满成功。

例文评析

这篇开幕词首先宣布会议开幕，然后对来宾表示热烈欢迎，介绍了本次展会的重要意义，并在此基础上提及了上海的未来发展和对投资伙伴的热诚欢迎。本文格式完整，语言真诚，具有感染力。

例文二

广州亚委会主席刘鹏在2010年第16届亚运会开幕式上的致词

（2010年11月12日）

标题：
致词人＋事由＋文种

日期

尊敬的温家宝总理、尊敬的亚奥理事会主席艾哈迈德·法赫德·萨巴赫亲王、尊敬的罗格主席和夫人，女士们、先

称谓：
主次合理

生们，朋友们：

今天亚奥理事会大家庭欢聚中国广州，共同迎接第16届亚洲运动会的开幕，我谨代表第16届亚洲运动会组委会和中国奥委会向与会的各位朋友表示热烈欢迎，向为筹备本届运动会做出巨大努力的各界朋友表示衷心的感谢和崇高的敬意。

引言： 宣布会议开幕，对来宾表示欢迎。

20年前，第11届亚运会在北京成功举办，两年前，北京奥运会抒写了辉煌，团结、友谊、进步的体育精神传遍了神州大地，感动了亚洲和世界。20年后，亚洲各国各地区的朋友们再次相聚中国，相聚在广州这座充满生机与活力的南国都市，演绎亚运会历史上规模最大的激情盛会，谱写和谐亚洲的美好乐章。

主体： 回顾过去北京亚运会和奥运会，对广州亚运会寄予美好希望。

未来的16天，将是亚洲人民盛大的节日，亚洲各国各地区的健儿将在赛场上展示实力和风采，和各界朋友共同收获欢乐和友谊。

朋友们，亚运圣火即将点燃，让我们预祝各位亚运健儿勇创佳绩，预祝广州第16届亚运会圆满成功。

结尾： 预祝亚运会圆满成功。

谢谢大家。

例文评析

亚运会开幕词篇幅简短，快速切题，语言富有感情色彩，充满热情、友好和激情。

例文三

××职业学院第一届第二次教职工代表大会闭幕词

×××

（20××年×月×日）

标题： 事由＋文种

致词人

日期

各位代表、同志们：

称谓

××职业学院第一届第二次教职工代表大会，经过全体与会代表的共同努力，圆满完成了会议预定的各项议程，

引言： 说明会议已经完成预定任务，现在就要闭幕了。

现在就要胜利闭幕了。在此，我代表院党委对大会的圆满成功表示热烈的祝贺！对全体与会代表的辛勤工作表示衷心的感谢！

本次会议，讨论了关于我院今后三年的工作目标和思路的报告，讨论了我院20××年财务决算和20××年财务预算的报告，审议通过了《××职业学院岗位津贴实施办法》。会议期间，与会代表以积极、认真的态度和高度的主人翁责任感，开展讨论，进行审议，并集思广益，提出了不少宝贵的意见和建议，这是广大代表认真行使民主权利，参与民主决策、民主管理和民主监督的重要体现。大会始终是在认真、严肃、民主、和谐的气氛中进行的，应该说，这是一次民主、团结、求实、奋进的大会，是一次成功的大会。尤其是会上对我院今后三年的工作目标和思路的讨论，对我院岗位津贴实施办法的讨论，将对全院上下进一步统一认识，明确目标任务，推进学院人事分配制度改革，调动广大教职工的积极性、主动性、创造性，促进学院各项工作的开展起到积极作用。

主体：
概述会议的进行情况，恰当地评价会议的收获、意义及影响。

教职工代表大会是学院教职工民主生活中的一件大事，今后，党委要继续支持工会和教代会发挥桥梁和纽带作用，进一步提高广大教职工在民主管理学校上的积极性，实现决策的民主化和科学化，不断推进我院民主治校的进程。

各位代表、同志们，未来的二十年是职业教育不可错失的机遇期，职业教育的发展空间十分广阔，这种大背景和大环境将给我院带来前所未有的机遇，但同时也会给我们带来激烈的竞争和许多发展中的新问题。对此，我们一方面要善于抓住机遇，乘势而上；另一方面又要对面临的挑战有清醒的认识和充分的准备。本次会议即将闭幕，我希望各位代表在今后的工作中，继续以主人翁的姿态和高度的责任感，为学院的发展献计献策，并且满腔热情地投入各项工作，以实际行动为学院的发展作出积极的贡献。同时，希望你们把这次会议的精神传达给广大师生员工，做好宣传工作，在校内形成团结协作、求真务实的工作氛

结尾：
发出号召，提出希望，表示祝愿。

围，全院上下聚精会神搞建设，一心一意谋发展，同心同德，凝心聚力，为把我院建设成为省内强校、名校而共同奋斗！

例文评析

这篇闭幕词概述了会议的进行情况，恰当地评价会议的收获、意义及影响，行文热情洋溢、简洁有力，起到了激发斗志、增强信念的作用。

课后习题

一、改错题

分析下面这篇开幕词的不当之处，并进行修改。

运动会开幕词

各位同学们：

大家好！

在这艳阳高照的金秋时节，在这充满团结、奋进、友谊氛围的时刻，我们共同迎来了我校一年一度的体育大会。在此，请允许我代表领导，向本次体育大会能够顺利召开表示热烈的表扬！向为大会的召开精心准备、作出贡献的老师、同学表示衷心的感谢！向本次大会的裁判员表示崇高的敬意！

（略）

同学们，体育是力量的角逐，体育是智慧的较量，体育是美丽的展示。在紧张激烈的赛场上，我希望全校师生要以我国的奥运体育健儿为榜样，以饱满的激情，昂扬的斗志，勇于拼搏的信念，团结向上的精神投入到本届运动会中去。在运动会上，赛出成绩，赛出水平，赛出新风尚！用我们的行动去追求更高、更快、更强！

祝全体运动员和裁判员赛出好成绩！

二、写作题

学校即将召开运动会，请你撰写一篇运动会闭幕词。

第五节 欢迎词、欢送词

学习目标

- 掌握欢迎词、欢送词的概念和种类
- 掌握欢迎词、欢送词的写作结构和方法
- 能够根据所给的材料写出符合要求的欢迎词、欢送词

当朋友光临时，我们致词以表欢迎，给宾客一种“宾至如归”的感觉，以营造一种友好愉悦的气氛；当宾客离别时，我们致欢送词，也能表达珍惜、留恋之意。

一、欢迎词和欢送词概述

1. 欢迎词和欢送词的概念

欢迎词，是指对来宾或即将加入团体的新成员表示欢迎的致词。

欢送词，是指对将要离开的宾客或团体工作人员表示送别之意的致词。

2. 欢迎词和欢送词的种类

按性质划分，可分为公务活动的欢迎词和欢送词，私人活动的欢迎词和欢送词。

按对象划分，可分为对来访宾客的欢迎词和欢送词，对加入本单位或本单位派出执行某项工作的团体或个人的欢迎词和欢送词。

按范围划分，可分为国际场合的欢迎词和欢送词，国内场合的欢迎词和欢送词，区域性场合的欢迎词和欢送词。

二、欢迎词和欢送词的结构和写法

1. 欢迎词的结构和写法

欢迎词一般由标题、致词人、日期、称谓和正文等几部分构成。

（1）标题

标题有三种形式：

1）直接用文种“欢迎词”作标题。

2）由欢迎场合和文种构成，如“在建厂 50 周年纪念会上的欢迎词”或“在 ×× 经验交流会上的欢迎词”。

3）由主人名称、被欢迎的宾客名称和文种构成，如“××× 总经理在欢迎广东客人宴会上的欢迎词”。

（2）致词人和日期

一般在标题下面署上致词单位名称或致词人的身份、姓名，并在下一行署上成文日期。也可以放在文末。

（3）称谓

面对宾客，宜用亲切的尊称，称呼后可加头衔、身份，如“亲爱的同学”“尊敬的领导”“女士们、先生们”“敬爱的 ×× 各位同仁”等。

（4）正文

由引言、主体和结尾三部分构成。

1）引言。欢迎词的引言常说明在什么庆典活动或仪式上，致词人向哪些宾客表示欢迎，通常用一句话表示热烈的欢迎和诚恳的态度。

2）主体。说明欢迎的原因，宾客来访的意图、意义和作用；回顾彼此交往的历史和友谊，赞美宾客在哪些方面作出的卓越贡献及双方友好合作的成效，并表达继续愉快合作的愿望。对初次来访者，可多介绍本单位的情况。

3）结尾。通常再次向宾客表示热烈的欢迎与祝愿。如在酒宴上，则加上祝酒的内容，即“为……干杯”。

2. 欢送词的结构和写法

同欢迎词一样，欢送词一般也由标题、致词人、日期、称谓和正文等几部分构成。

（1）标题、致词人、日期和称谓

其写法同欢迎词。

（2）正文

由引言、主体和结尾三部分构成。

1）引言。常讲明在什么性质的欢送仪式上，致词人以什么身份代表哪些人向宾客表示热情欢送之意。

2）主体。要讲述欢送的具体内容，如双方在访问期间在哪些问题和合作项目上达成了共识，取得了哪些突破性的进展和重大的收获，以及双方在合作期间友情的加深等。有时还要对被欢送者提出希望，表示祝愿，并加上一些劝勉、鼓励的话语。

3）结尾。通常再次向宾客表示热烈的欢送之情。

三、撰写欢迎词和欢送词的注意事项

第一，感情要真挚。撰写欢迎词和欢送词要借助较多的描述性词语和各种修辞手法，使之感情真挚，情绪饱满，能起到烘托气氛、振奋精神的作用。

第二，语言要便于交际场合朗读、演说。欢迎词和欢送词的语言要通俗易懂、朗朗上口，尽量运用简洁明了的口语化词语，使之既优美动听又回味无穷。

第三，要简短精练。欢迎词和欢送词是口头发表的讲话，通常只需三五分钟时间，因此要内容单纯，语言简练。

四、例文评析

例文一

欢迎词

女士们、先生们，朋友们：

值此 ××× 厂 30 周年厂庆之际，请允许我代表 ××× 厂，并以我个人的名义，向远道而来的朋友们表示热烈的欢迎！

朋友们不顾路途遥远，专程前来贺喜并洽谈贸易合作事宜，为我厂 30 周年厂庆增添了一份热烈与祥和。我由衷地感到高兴，并对朋友们为增进双方友好关系所做的努力，表示诚挚的谢意！

今天在座的各位朋友中，有许多是我们的老朋友，我们之间有着良好的合作关系。我厂建厂 30 年能取得今天的成绩，离不开老朋友们的真诚合作和大力支持。对此，我们表

标题：
文种

称谓：
有亲切感。

引言：
代表厂方对来宾表示欢迎和感谢。

主体：
回顾过往，再次感谢来宾的支持与合作。

示由衷的感谢。同时，我们也为能有幸结识来自全国各地的新朋友感到十分高兴。在此，我谨再次向新朋友们表示热烈欢迎，并希望能与大家密切协作，发展友好合作关系。

“有朋自远方来，不亦乐乎。”在此新朋老友相会之际，我提议：为今后我们之间的进一步合作，为我们之间日益增进的友谊，为朋友们的健康幸福，干杯！

结尾：
提出希望和祝福。

例文评析

这篇欢迎词的引言部分对来宾的光临表示热烈的欢迎；主体部分对大家的到来表示谢意，并回顾与老朋友们相互交往的历程，阐明新朋友们来访的意义及合作前景；结尾表示良好祝愿。全文主旨明确，语言精练，情感真挚。

例文二

周恩来总理在欢迎美国总统尼克松的宴会上的欢迎词

标题：
致词人＋事由＋文种

总统先生、尼克松夫人，女士们、先生们，朋友们：

称谓：
顺序正确，亲切。

首先，我高兴地代表毛泽东主席和中国政府向尼克松总统和夫人，以及其他的美国客人们表示欢迎。

引言：
对来宾表示欢迎。

同时，我也想利用这个机会代表中国人民向远在太平洋彼岸的美国人民致以亲切的问候。尼克松总统应中国政府的邀请，前来我国访问，使两国领导人有机会直接会晤，谋求两国关系正常化，并对共同关心的问题交换意见。这是符合中美两国人民愿望的积极行动，这在中美两国关系史上是一个创举。

主体：
对客人来访意义的评价。

美国人民是伟大的人民。中国人民是伟大的人民。我们两国人民一向是友好的。由于大家都知道的原因，两国人民之间的来往中断了二十多年。现在，经过中美双方的共同努力，友好来往的大门终于打开了。目前，促使两国关系正常化，争取和缓紧张局势，已成为中美两国人民强烈的愿望。人民，只有人民，才是创造世界历史的动力。我们相信，我

写出对两国人民的评价、两国人民的交往情况以及两国人民争取改善关系的愿望。

们两国人民这种共同愿望，总有一天是要实现的。

中美两国的社会制度根本不同，在中美两国政府之间存在着巨大的分歧。但是，这种分歧不应当妨碍中美两国在互相尊重主权和领土完整、互不侵犯、互不干涉内政、平等互利和和平共处五项原则的基础上建立正常的国家关系，更不应该导致战争。中国政府早在1955年就公开声明，中国人民不想同美国打仗，中国政府愿意坐下来同美国政府谈判。这是我们一贯奉行的方针。我们注意到尼克松总统在来华前的讲话中也说到，“我们必须做到的事情是寻找某种办法使我们可以有分歧而又不成为战争中的敌人”。我们希望，通过双方坦率地交换意见，弄清楚彼此之间的分歧，努力寻找共同点，使我们两国的关系能够有一个新的开始。

客观地点出两国政府之间存在着分歧，但希望分歧不应当妨碍开拓两国关系的新局面。

最后我提议：

为尼克松总统和夫人的健康，

为其他美国客人们的健康，

为在座的所有朋友和同志们的健康，

为中美两国之间的友谊，

干杯！

结尾：
祝酒词令。

例文评析

这篇欢迎词既有针对性，又合乎历史、现实以及欢迎场景，感情真挚诚恳，不卑不亢，表现出了大国总理的风度。

例文三

致史密斯教授的欢送词

会议主席：×××

（20××年×月×日）

标题：
对象＋文种
致词人
日期

女士们、先生们：

称谓

时间过得多么快啊！20天前我们大家曾高兴地在这个礼堂集会，衷心欢迎史密斯教授。今天，我们再次欢聚一堂，为史密斯教授送行。

引言：
引出对史密斯教授离开的欢送之意。

史密斯教授是我们的老朋友，他非常熟悉我们各方面的情况。他在我国逗留期间，访问了许多地方，仔细地考察了我们的政治、经济、文化和教育。

大家知道，我们的社会主义国家是非常年轻的，它脱胎于封建主义和资本主义影响根深蒂固的旧社会，尽管新中国成立后我们做了巨大的努力去消除它，但是还有一些困难要我们去克服，还有一些问题亟待解决。

我们诚恳地希望史密斯教授给我们提出建议，留下宝贵意见，以便我们改进工作。

在向史密斯教授告别时，我们借此机会请他转达我们对他的国家和人民的深厚友谊，以及对他们的亲切问候和敬意。

祝史密斯教授回国一路平安，身体健康！

主体：
对史密斯教授来访活动进行介绍，并向其提出了希望与要求，表达祝愿之意。

结尾：
进行祝福。

这篇欢送词层次清晰，言简意赅。本文首先祝贺史密斯教授访问取得圆满成功，接着谈到双方在访问期间所取得的突破性进展和重大收获，同时还对宾客提出了希望，表达了殷切的祝愿及对异国人民的友好问候。

课后习题

一、改错题

1. 请指出下面这篇欢迎词存在的不足并修改。

欢迎词

尊敬的各位领导、各位同仁，女士们、先生们：

金秋十月，秋风送爽，我们迎来了一个令人欢欣鼓舞的日子，这就是我们 ×× 厂成立 30 周年的纪念日。大家跋山涉水来到这里参加我们的庆典，辛苦了。

正如大家所知，我们厂在社会上有着良好的声誉和一定的影响。但是我们依旧不断进取，毫不懈怠，所以才能30年屹立不倒。今天，见到朋友不顾旅途遥远专程前来贺喜并洽谈双方有关贸易合作事宜，使我颇感欣慰。

朋友们为增进双方的友好关系所做出的努力和行动，定然有助于使我厂更上一层楼。

最后，对各位朋友的光临表示热烈欢迎。

祝大家万事如意，心想事成。为我们的合作，为我们的生意兴隆，干杯！

××厂董事长

20××年×月×日

2. 请指出下面这篇欢送词存在的不足并修改。

欢送词

尊敬的女士们、先生们：

今天，是一个让我们非常伤感的日子，这是因为你们就要离开我们了，我们的心情是依依不舍的。

在即将分别的时刻，回想过去几天我们愉快的相聚，真是让人不堪回首。大家相处的时间是短暂的，但我们之间的友好情谊是长久的。我们相信，我们都会想念你们的，希望你们也能记着我们大家。

我国有句古语："来日方长，后会有期。"虽然你们的离去是我们的巨大遗憾。但我们还是希望大家一路顺风，多多保重！再见了朋友们。

××公司经理×××

20××年×月×日

二、写作题

1. 20××年2月18日康威棉纺织厂一行20人要到中远棉纺织厂进行新生产线的现场观摩和参观学习，请以中远棉纺织厂的名义撰写欢迎词和欢送词各一篇。

2. 请以在校生的名义撰写一篇欢送词送别即将毕业的师兄师姐。

第六节　祝词

学习目标

- 掌握祝词的概念和种类
- 掌握祝词的写作结构和方法
- 能够根据所给的材料写出符合要求的祝词

祝词是我们日常生活中常用的一种礼仪辞令，纪念活动、会议开幕、工厂开工、商店开业、展览剪彩都少不了有礼节的祝贺或祝福，这已成为我们社会交往中必不可少的一种礼仪文化。

一、祝词概述

1. 祝词的概念

祝词也称祝辞，是泛指对人、对事表示祝贺的言辞或文章。祝词多用在喜庆的仪式上，如庆典、寿辰、重要节日及其他社会活动，表示良好的愿望或庆祝。

2. 祝词的种类

根据祝贺的内容不同，祝词可分为祝贺词、祝酒词、祝寿词、祝婚词等类型。

（1）祝贺词

祝贺词常用于祝贺会议开幕、开业典礼、奠基仪式、工程竣工，以及某些企事业单位或社会团体的纪念日或庆典活动等，是用于各种集会或聚会场合的祝福语。

（2）祝酒词

祝酒词是在宴席或庆典活动开始时，主人向客人表示热烈的欢迎、真诚的祝福与感谢，客人进行答谢并表示诚挚祝愿的应酬之词。

（3）祝寿词

祝寿词是在举办寿辰纪念活动中表达的祝愿，寿诞祝词的对象主要是老年人。

（4）祝婚词

祝婚词一般是祝愿新婚夫妇幸福美满。

二、祝词的结构和写法

祝词一般由标题、致词人、日期、称谓和正文等几部分构成。

1. 标题

一般由致词场合、致词人和文种三个要素构成，如“×× 在 ×× 开业典礼上的祝词”。三者的排列顺序可以有些变化，也可酌情去掉某一项。

2. 致词人和日期

一般在标题下面署上致词单位名称或致词人的身份、姓名，并在下一行署上成文日期。也可放在文末。

3. 称谓

写在开头顶格处，后加冒号，如“×× 总经理”“×× 先生”“×× 女士”等。称呼要准确、庄重，可以加头衔或表示友好、敬重的词语，如“尊敬的 ×× 厂长”。

4. 正文

这是祝词的中心内容，可分为三部分表述：第一部分是致词人在什么场合，代表谁，向出席者及其庆贺活动表示祝福贺喜；第二部分是回忆往昔，概括受词方以往所取得的突出业绩和成就；第三部分是纵观全局，展望美好的前景，再次向受词方表示由衷的祝愿。

三、撰写祝词的注意事项

第一，称谓应礼貌、妥帖。祝词的对象既可以是群体或个人，也可以是某种活动，其称谓要根据对象的不同，做到既要尊重对方和有礼貌，又要把握分寸。

第二，祝词要情真意切。表达祝福或庆祝的内容应发自肺腑，符合致词人的身份和地位；语言充满愉悦、欢快、兴奋之意，与喜庆、友好的气氛和谐一致，富有感染力、亲和力和启迪性。祝愿与歌颂要恰到好处，过度的颂扬之词会使对方感到致词人的虚情假意。

第三，篇幅不宜过长。祝词应短小精悍，主旨突出，热情洋溢，能充分表达自己的真诚祝福即可。

四、例文评析

例文一

结婚周年纪念日子女祝词

标题：场合＋文种

尊敬的各位来宾，女士们、先生们：

称谓

大家好！

一盏喜酒一口饮，两膝跪拜老福星，三世同堂共欢聚，四季钻石照华庭。

正文：首先问好并表示祝贺之意；然后回顾往昔的生活，表达对父母的深情。

时光飞逝，光阴如梭。转眼间父母结婚已50周年了。父母生了我们5个孩子，我们都很健康。对我们来说，那些在父母看来风风雨雨的日子都曾经是我们美好、快乐的童年时光。

在父母这50年岁月里，有多少为我们遮风挡雨的一件件往事，有多少为我们灯下缝补衣服的辛劳，又有多少为我们牵肠挂肚的期盼。看着爸爸、妈妈那满头的银发，那深深的皱纹，它们镌刻了多少父母深深的爱呀！

……

如今，我们都大了，我们都成家了，我们都有了孩子，我们也依然像我们的父母那样爱着我们的孩子。我们的孩子也大了，他们如今发自心底地说出这样一句话："生长在这样一个家庭里是我们最大的幸福。"

铜婚，银婚，难得金婚。夫好，妇好，最佳夫妇。金婚如歌，携手夕阳。爸爸、妈妈，祝你们健康长寿、幸福永远！愿天下所有的父母健康、快乐！

结尾处再度表达祝福之情。

×××

署名

20××年×月×日

成文日期

例文评析

这篇祝词表达了对父母的美好祝愿和深情厚意，内容真实，情感丰富。

例文二

祝酒词

标题：文种

尊敬的张总经理，尊敬的 ×× 实业公司代表团的先生们：

称谓

今天，我很荣幸地代表 ×× 省 ×× 进出口公司为以张总经理为首的香港 ×× 实业公司代表团接风。

正文：首先引出祝酒对象，然后对祝酒对象的成就进行介绍并阐述双方的关系。

各位来宾，随着中国内地经济的发展和投资环境的日益改善，香港 ×× 实业公司在内地的投资活动也日趋活跃。仅今年一、二季度，与内地签订的投资额就达 2 亿美元。张总经理为香港和内地经贸关系的进一步拓展所作出的贡献，令人钦佩。

今天张总经理率团来江苏考察，并准备签订投资意向书，我相信，在互利互惠原则下，在多年亲密合作的基础上，以张总经理为首的代表团定会不虚此行，满载而归。

我很高兴今天能与老朋友张总经理在六朝古都重叙友情，我还很高兴结识了代表团的各位新朋友。此刻，窗外大雪飞舞，而室内却春意盎然，这象征着我们内地与香港的经贸合作关系将迎来一个百花争艳的春天。

为此，我提议：

最后祝酒、干杯。

为张总经理的身体健康，

为代表团朋友们的身体健康，

为我们互为最大贸易伙伴地位的进一步巩固，

为我们双方在更为广阔领域里的合作，

干杯！

例文评析

这是一篇祝酒词，表达了主人对客人热烈欢迎、真诚感谢和祝愿之意。致词人首先代表公司向客人表示欢迎，接着赞扬客人此次来访的重要作用，并由衷地表达敬意，同时展望双方加强合作的美好前景，最后以祝酒词常用的“为……干杯”作为结语。本文感情真挚，语言热情而得体。

课后习题

一、改错题

分析下面这篇祝寿词的不当之处，并进行修改。

祝寿词

这次我们专程从全国各地光临母校，给我们至今健在的恩师俞老师做寿。俞老师视名利淡如水，看事业重如山，八十高龄还在研究学问。俞老师又把最近出版的大作赠送给我们几个高足，我们都感到十分欣慰。最后，祝俞老师身体健康，万寿无疆。

二、写作题

20×× 年 3 月 21 日是迅康药业有限公司成立十周年庆典之日，请以迅康药业有限公司同行的名义撰写一篇祝词，热烈祝贺迅康药业有限公司成立十年来所取得的惊人成就及为社会作出的巨大贡献。

第七节　答谢词

学习目标

- 掌握答谢词的概念和种类
- 掌握答谢词的写作结构和方法
- 能够根据所给的材料写出符合要求的答谢词

答谢词是一种高级的致谢形式，它能够最充分、最有效地表达谢意，在外交、社交活动日趋频繁的当代社会，正发挥着越来越重要的作用。

一、答谢词概述

1. 答谢词的概念

答谢词是宾客所发表的对主人的热情款待和多方关照表示感谢的致词。一般在主人致欢迎词或欢送词后发表，有时也在专门的答谢活动中发表。

2. 答谢词的种类

依据不同的致谢缘由和致谢内容，答谢词可分为两种类型：

（1）**“谢遇型”答谢词**

“谢遇型”答谢词是用来感谢主办方热情款待的致词，它常用于宾主之间，既可用于欢迎仪式、会见仪式上与欢迎词相照应，也可用于欢送仪式、告别仪式上与欢送词相照应。

（2）**“谢恩型”答谢词**

“谢恩型”答谢词是用来感激别人给予帮助的致词，常用于捐赠仪式或某种送别仪式上。

二、答谢词的结构和写法

答谢词一般由标题、致词人、日期、称谓和正文等几部分构成。

1. 标题

一般只写文种，在首行居中位置写“答谢词”三个字作标题。

2. 致词人和日期

一般在标题下面署上致词单位名称或致词人的身份、姓名，并在下一行署上成文日期。也可放在文末或不写。

3. 称谓

称谓要使用对主人的尊称，须和蔼可亲、尊重对方，可以加头衔或表示友好、敬重的词语，如“女士们、先生们”“尊敬的 ×× 总裁”等，既可以泛指，也可以具体指某个对象。

4. 正文

正文包括引言、主体和结尾三部分。

（1）引言

应开门见山、简明扼要地对主人的热情款待和关照表示衷心的感谢。

（2）主体

先叙述主宾双方的情谊，或表明自己来访的目的，然后表示祝愿，畅想未来。如果访问活动已结束，应对主人所做的安排及访问意义予以肯定，叙述访问期间留下的美好印象，并表达自己的感受和心情，或对双方共同关心的问题表达自己的见解和看法。

（3）结尾

一般需对主人再次表示谢意。

三、撰写答谢词的注意事项

第一，感情要真挚。在礼仪场合，必要的客套话不可省略，如“表示衷心的感谢”“致以崇高的敬意”等词句。答谢词应充满真情，热情洋溢，发自内心。

第二，适应场景氛围，语言要精练、适可而止。致词时要创造一种友好的气氛，从而拉近双方的距离。表示感谢和评价的语言要适度、恰如其分，不可虚情假意。

第三，内容要照应欢迎词或欢送词。这是对主人的尊重，也是对主人成功举办礼仪活动和热情款待的认可和回报。答谢词要照应欢迎词或欢送词的有关内容，即使提前准备好了答谢词，也要临场随机应变。

第四，篇幅要简短。答谢词是礼仪应酬性的讲话，应尽量做到言简意赅，避免冗长拖沓而使人生厌。

四、例文评析

例文一

答谢词

尊敬的 × 先生，尊敬的 ×× 集团公司的朋友们：

首先，请允许我代表访问团全体成员对 × 先生及 ×× 集团公司对我们的盛情款待表示衷心的感谢。

我们一行五人代表 ×× 公司首次来贵地访问，此次访问时间虽短，但收获颇大。仅三天时间，我们对贵地的电子业就有了比较全面的了解，与贵公司建立了友好的技术合作关系，并成功地洽谈了 ×× 电子技术合作事宜。这一切，都得益于主人的真诚合作和大力支持。对此，我们表示诚挚的谢意。

标题：
文种
称谓

引言：
首先表达感谢之意。

主体：
进一步阐述感谢的事由，并对主人取得的成就进行评价。

电子业是新兴产业，发展蒸蒸日上，有着广阔的市场前景。贵公司拥有一支由网络专家组成的庞大队伍，技术力量相当雄厚，在网络工作站市场中一枝独秀。我们有幸与贵公司建立良好的技术合作关系，为我地电子业的发展提供了新的契机，必将推动我地电子业迈上一个新台阶。

我代表 ×× 公司再次向 ×× 集团公司表示感谢，并祝贵公司迅猛发展，再创奇迹。更希望彼此继续加强合作，共创明天。

结尾：
再次表达感谢之意。

最后，我提议：

为我们之间正式建立良好合作关系，

为今后我们之间的密切合作，

干杯！

例文评析

这是一篇访问后的答谢词。正文首先对主人的盛情款待表达感谢之意；接着颂扬了主人的成绩和贡献，展望了双方合作的美好前景；最后对主人再次表示感谢并祝愿双方未来的发展。全文语言简洁、朴实，情感真挚。

例文二

答谢词

标题：
文种

亲爱的各位领导，远道而来的客人们：

称谓

今天，我们怀着无比激动、无比振奋的心情，在这里迎接 ×× 红十字会给我们县师生捐赠救灾粮的亲人。

引言：
说明感谢的对象。

今年 7 月以来，我县遭受了百年不遇的大旱灾。7、8、9 三个月，骄阳似火，滴雨不下，池塘干涸，溪河断流，田地龟裂，禾苗枯死，真是赤地千里！虽经我们奋力抗灾，但自然灾害的肆虐，使 10 多万人饮水困难，30 多万亩田地颗粒无收。我们县的中小学生，就有 1 万多名因受灾辍学。然而，党和政府没有忘记我们，兄弟县市的乡亲没有忘记

主体：
说明感谢的事由。

我们，省市领导多次亲临现场，视察灾情，组织救援，市县干部职工争相解囊，捐粮捐钱。今天，我们又接到了你们无私捐助的大批救灾粮食。一方有难，八方支援，团结互助，无私奉献，只有在今天优越的社会主义制度下，只有在我们伟大的社会主义中国才能办到！

谢谢你们，远方的亲人！我们全县中小学生，一定从你们的援助中吸取力量，奋发图强，重建家园；努力学习，奋勇登攀，以崭新的成绩，来报答党和人民的关怀，报答你们的深情厚谊！

结尾：
深切表达感谢之意。

例文评析

这篇答谢词首先表达出无比激动的感激之情；然后回顾了今年7月以来的大旱灾情所带来的诸多问题，以及各方支持的情况；最后，再次表示感谢，并表达了战胜灾害的信心和决心。本文结构完整，思路清晰，语言流畅，感人肺腑。

课后习题

一、改错题

分析下面这篇答谢词的不当之处，并进行修改。

答谢词

尊敬的各位来宾：

大家好！

今天，是我人生中一个值得高兴的日子，在幸福、欢乐的气氛中，我迎来了自己的50岁大寿。承蒙各位赏光，从百忙之中抽身，光临我的府上，并为我带来了真诚的祝愿。对各位高亲贵友的到来，表示热烈的欢迎和衷心的感谢，并将为您在今天的宴会上的需要提供鼎力支持。此时此刻，我吹灭了生日烛光，默默地许下几个心愿：祝各位嘉宾天天有个好心情，笑口常开；月月有个好收入，四季发财；年年有个好身体，青春常在。

谢谢大家！

二、写作题

20×× 年 3 月 21 日是迅康药业有限公司成立十周年庆典之日，请以迅康药业有限公司同行的名义撰写一篇答谢词，真诚感谢迅康药业有限公司在庆典活动中的热情款待和周到服务。

第八节　讣告、悼词

学习目标

- ◆ 掌握讣告、悼词的概念
- ◆ 掌握讣告、悼词的写作结构和方法
- ◆ 能够根据所给的材料写出符合要求的讣告、悼词

讣告和悼词是在某人去世后所发布的信息告知、纪念性文字。虽然在现代社会中人们对丧事的办理越来越简单化，但丧葬吊唁类文体仍然广泛应用。

一、讣告和悼词概述

1. 讣告的概念

讣告，又写作“讣闻”或“讣文”，就是把某人不幸去世的消息告知给逝者生前的朋友、亲属以及各有关单位和个人所使用的一种礼仪文书，一般由逝者的亲属或治丧委员会发出。讣告可以张贴、登报，也可以像通知一样发送。

2. 悼词的概念

悼词，有广义和狭义之分。广义的悼词是指向逝者表示哀悼、缅怀与敬意的悼念性文章，狭义的悼词专指在追悼大会上对逝者表示敬意与哀悼所宣读的文章。悼

词主要是追述逝者的生平，对逝者做出评价，并表达追悼者的感情和态度，它的内容比讣告要详细和具体，在写法上一般是评述与叙议结合。

二、讣告和悼词的结构和写法

1. 讣告的结构和写法

讣告一般由标题、正文、署名和成文日期等几部分构成。

（1）标题

首行居中写“讣告”二字，字号要大些，用黑体字，或用“××逝世”作标题。

（2）正文

由以下三部分构成：

1）简要写明逝者的姓名、职务、逝世原因、逝世日期和地点及终年岁数。

2）简要介绍逝者的生平。

3）写清吊唁、开追悼会或举行遗体告别仪式等活动的时间和地点。

（3）署名和成文日期

写明发讣告的团体或个人的名称及讣告发出日期。需要进行联系的，应注明联系电话。

2. 悼词的结构和写法

悼词的写作一般分为标题、正文和结尾三部分。

（1）标题

一般为“在×××同志追悼会上的悼词”或者“悼×××同志”。

（2）正文

内容包含以下几层意思：

1）沉痛悼念逝者，并对逝者做概括性评价。

2）详细介绍逝者的生卒年月及其一生的主要经历。

3）追述逝者一生的功绩及成就。

4）概括逝者为人品质。

5）阐述向逝者学习的地方。

6）抒发对逝者的怀念之情。

（3）结尾

用“××同志永垂不朽”“××同志精神永存”或“××永远活在我们心中”“××同志安息吧”等词句作为结语。

三、撰写讣告和悼词的注意事项

1. 撰写讣告的注意事项

第一，讣告的语言应庄重、严肃、简洁、明确。语言色彩必须是哀悼、沉痛的。公务报丧讣告不要使用过时的或带有封建色彩的词汇。

第二，应用稍厚一点的纸，白纸黑字，以示庄重。如果是寄发讣告，应用白信封黑体字。

第三，讣告的内容或形式要根据逝者的身份决定，重要、知名人士一般要详写，普通人去世略写即可。

第四，在报上发表的讣告或公告，常常加黑框，以示哀悼。

2. 撰写悼词的注意事项

第一，尊重历史，实事求是，行文有据，褒扬得当。每个人一生的经历都有所不同，有成就，有失误，要从客观事实出发，仔细斟酌。同时，按照中国的传统，人既已去世，往往赞誉之言较多，悼词不宜再讲其错误和缺点，但其中褒扬之词也应以事实为依据，切忌夸张。

第二，要选择逝者一生中最具代表性的经历，突出其成绩优点，不要面面俱到，写成“年谱”式的悼词。

第三，语言朴实、严肃，避免使用带有消极、迷信色彩的词语。

四、例文评析

例文一

讣告

我校保卫处处长 ×× 同志，因患脑出血，于 20×× 年 4 月 5 日上午 8 时 40 分在协和医院逝世，终年 90 岁。

×× 同志于 1951 年加入中国共产党，历任中国人民解放军班长、排长、连长、营长、团长。1964 年来我校，先后任会计科科长、财务处处长、保卫处处长。多年来，×× 同志全心全意为人民服务，是我党的一位优秀干部。

×× 同志的遗体告别仪式将于 20×× 年 4 月 7 日上午

标题：
文种
正文：
首先写明逝者的姓名、职务、逝世原因、逝世日期和地点及终年岁数，然后简要叙述逝者生平事迹，最后告知遗体告别仪式的时间和地点。

9时在××公墓礼堂举行。参加吊唁者，请按时前往。

××学校××同志治丧委员会　　**署名**

20××年4月5日　　**成文日期**

例文评析

这篇讣告把逝者不幸去世的消息告知给逝者生前的朋友、亲属，并简要写明逝者的姓名、职务、逝世原因、逝世日期和地点及终年岁数，内容正确，格式规范。

例文二

北京市社科联副主席、当代著名语言学家张寿康先生逝世

标题： 事由

北京市政协委员、民盟北京市委文教委员会副主任、北京市社科联副主席、当代著名语言学家、语文教育家、文章学创始人、北京师范学院中文系教授张寿康先生于一九九一年八月二十七日因心脏病突发不幸逝世，终年六十六岁。

正文： 首先写明逝者的姓名、职务、逝世原因、逝世日期和地点及终年岁数，然后对逝者生平进行评述，最后告知遗体告别仪式的信息。

张寿康先生一生追求进步，热爱祖国，正直俭朴，严谨治学，对语言学、语文教育学和文章学都有精深的研究，在四十多年的教学与学术研究过程中，为我国教育事业和社会科学的发展作出了卓越的贡献。

张寿康先生遗体告别仪式已于一九九一年十月十四日在八宝山革命公墓礼堂举行。

一九九一年十月二十日　　**成文日期**

例文评析

这篇讣告简要写明逝者的姓名、职务、成就等，内容正确，格式规范，形式隆重、庄严。

例文三

罗曼·罗兰悼词
郭沫若

罗曼·罗兰先生，你是一位人生的成功者，你现在虽然休息了，可你是永远存在着的。你不仅是法兰西民族的夸耀，欧罗巴的夸耀，而是全世界、全人类的夸耀。你的一生，在精神生产上的多方面的努力，对于人类的贡献非常的宏大，人类是会永远纪念着你的。你将和历史上各个民族各个时代的伟大的灵魂们，像太空中的星群一样，永远在我们人类的头上照耀。

罗曼·罗兰先生，在20年前你的杰作《约翰·克利斯朵夫》初次介绍到中国来的时候，你曾经向我们中国作家说过这样的话："我不认识欧洲和亚洲，我只知道世界上有两种民族——一种是上升，一种是下降。上升的民族是忍耐、热烈、恒久而勇敢的趋向光明的人们——趋向一切的光明：学问、美、人类爱、公众进步；而在另一方面的下降的民族是压迫的势力，是黑暗、愚昧、懒惰、迷信和野蛮。"你说，只有上升的民族是你的朋友，你的同志，你的弟兄。你说，你的祖国是自由的人类。这些话对于我们中国的文艺工作者是给予了多么正确的指示，多么有力的鼓励呀！……

标题
文种＋致词人

正文：
首先介绍了罗曼·罗兰生前的成就及伟大的生命意义，然后讲述了罗曼·罗兰与中国的情谊和对中国文艺工作者的鼓励。

例文评析

这是一篇出色的抒情性悼念文章，它赞颂了法国作家罗曼·罗兰伟大的一生，记述了他一生的主要业绩，最后表达了中国文艺工作者将化悲痛为力量的决心。

课后习题

一、改错题

请指出下面这篇悼词的不当之处并修改。

悼　　词

各位亲友：

昨天接志光表兄来电惊闻舅母前日不幸驾崩，不胜震惊。

舅母心地慈爱，无微不至地呵护你们兄妹。舅母这么和蔼可亲，怎么可能得此重病呢？为什么不给舅母一个好的治疗呢？以至于让舅母这么快就离我们远去。此时无比伤痛，但还是希望表兄顺应突变，注意节哀，以慰舅母在天之灵。

表弟：×× 叩上

20×× 年 × 月 × 日

二、写作题

徐 ×× 在 ×× 街道办事处担任居委会主任，20×× 年3月17日因病医治无效，与世长辞，享年77岁，请代为撰写一篇悼词。

part

04

第四章 财经文书

财经文书是指在财经工作中使用的、为社会经济活动服务的各类专业文书。

常见的财经文书包括广告、意向书、合同、市场调查报告、产品说明书、招（投）标书等。

财经文书与其他文书相比，具有专业性强，写作目的明确，与法律法规、相关政策联系紧密的特点。

单元内容分配

模块	课程内容	授课课时
必修模块	广告	2 课时
	意向书	2 课时
	合同	2 课时
	市场调查报告	2 课时
选修模块	产品说明书	2 课时
	招标书、投标书	2 课时

第一节　广告

学习目标

- 掌握广告的概念和种类
- 掌握广告的写作结构和方法
- 能够根据所给的材料写出符合要求的广告

广告是伴随着商品生产和商品交换而出现的。为了实现剩余商品的交换，人们需要实现信息的互通，广告作为宣传商品的工具也就孕育而生了。

在当今信息时代，广告作为重要的信息传播手段，已经成为生产者、经营者和消费者之间的纽带和桥梁，出现在我们生活的方方面面。

一、广告概述

1. 广告的概念

广告是通过一定的传播媒介，公开而广泛地向公众传递某一信息或宣传某一事项所使用的文书。

2. 广告的种类

按具体内容划分，可分为企业广告、商品广告、服务广告等。

按传播媒介划分，可分为报刊广告、广播广告、电视广告、户外广告、网络广告、邮寄广告等。

按覆盖的区域划分，可分为全球性广告、全国性广告和区域性广告。

按性质划分，可分为营利性广告和非营利性广告。

二、广告的结构和写法

广告通常是由标题、正文、口号和随文等几部分构成。

1. 标题

标题是对广告主题和内容的高度概括，是一则广告的灵魂。调查显示，公众阅读广告标题的概率是阅读广告正文的 5 倍，所以标题的好坏是广告成功与否的关键。广告的标题可分为直接标题、间接标题和复合标题。

（1）直接标题

即直接点明广告的主题或内容，这一类标题的好处是一目了然，适合新型产品的推销介绍，如“阿克苏糖心苹果”。

（2）间接标题

即不直接点明广告的内容，而是采用婉转迂回的方法，引起人们的兴趣和好奇心，进而阅读广告的正文，如“见证历史，把握未来”（瑞士欧米茄手表广告）、“还在用这种方法提神”（红牛饮料广告）。

（3）复合标题

即把直接标题和间接标题结合起来，这一类标题往往有引题、正题、副题等形式，如“放心——沃尔沃汽车已来到中国”。

2. 正文

正文是广告的主体部分，是对广告标题的细化，要充分阐释商品或服务的特色、优点，以吸引消费者。一般来说，正文应涉及产品的用途、性能、产地、规格、价格、使用方法等内容。广告正文的写法是多种多样的，以下介绍几种常见的表述方法。

（1）陈述式

陈述式用平实的语言实事求是地传达信息，使消费者对产品有一个完整的印象。

（2）描述式

描述式通过生动形象地描写，配合图片、音像等手段来表现产品的特色和优点。

（3）抒情式

抒情式通过文雅优美的语言，以情动人，引起消费者的情感共鸣。

（4）对话式

对话式采用对话的方式，巧妙说明产品信息。这种形式活泼自然，便于人们接受。

3. 口号

广告口号也称广告标语，是在广告中反复使用的口号性宣传语句。使用口号的目的在于让消费者记住并熟悉该品牌。比如“一切皆有可能”（李宁运动服饰）、“我的地盘我做主”（动感地带）、“原来生活可以更美的”（美的），这些广告口号都已为大家所熟知。

4. 随文

广告随文是在广告结束时所做的一些说明，可包括以下内容：

一是正文中没有提到的企业信息，如产品的品牌、企业的名称及联系方式等。

二是促销信息及销售情况说明，如“存货有限，售完即止”“每日前 × 名购买者将获赠精美礼品一份”“活动时间到 × 月 × 日 × 时止”。

三是企业获得的荣誉或专业权威机构的认证，如“×× 驰名商标”“×× 战略合作伙伴”等。

三、撰写广告的注意事项

第一，内容要真实。广告的目的是为了宣传产品或服务，树立企业良好形象，但是必须确保广告的内容真实可靠，不能虚构或夸大，用词要把握分寸。

一些相关法律法规也对广告内容的真实性做了较为明确的规定，比如《广告法》第三条规定“广告应当真实、合法”，第四条规定“广告不得含有虚假或者引人误解的内容，不得欺骗、误导消费者”。

第二，创意要独特。人们对于广告创作的格式并没有严格的规定，一则拥有独特、巧妙构思的广告往往能令人耳目一新，引起消费者的关注。

比如：“这批货个个带伤，但请看好，这是冰雹打出的疤痕，是高原地区出产的苹果的特有标记。这种苹果果紧肉实，具有真正的果糖味道。”这是高原苹果的一则广告，它不仅没有回避产品的缺陷，反而通过创意把苹果外观上的这种缺陷变成了优点，让消费者相信这种苹果是纯天然产品。

第三，表述要简练。当今社会充斥着大量的信息，消费者投向广告的目光转瞬即逝，所以广告的表述一定要简洁明了、重点突出，要在最短的时间内引发消费者的好奇心和兴趣，切忌长篇大论、面面俱到。

四、例文评析

例文一

精致生活　享受假期

——×××× 旅行社与您同行

告别严寒的冬日，褪下厚重的冬装，

请您换一种心情与我们一起迎接明媚的春天。

到纯真的大自然去吸纳山川的秀美，

标题：
复合标题

正文：
采用抒情的方式引起消费者的共鸣。

到春暖花开的山间踏春赏花。

把您的假期交给我们，交给这个灿烂的季节，

让我们拥抱生活，让我们走进这个“花花世界”。

欧美游

德法荷3国8日芬芳之旅　4月21日　12 000元/人

荷兰郁金香体验7日游　5月1日　13 000元/人

美国西海岸8日精华游　5月1日　11 000元/人

亚洲游

日本本州赏樱6日豪华游　4月1日　8 000元/人

韩国济州岛赏花踏春5日游　4月10日　3 500元/人

国内游

贵州黄果树罗平油菜花海5日游　4月5日　2 600元/人

郑州云台山牡丹花会　5月1日　1 900元/人

介绍几条春季特色旅游线路的出发时间、价格等情况。

敬请来电咨询：××××××××

更多线路优惠，请查询：http://www.×××.com

地址：××××××××

电话：××××××××

广告随文：
补充旅行社的地址和联系电话等信息，以便消费者咨询。

例文评析

这是一则投放在报纸上的旅游产品广告，内容完整，条理清晰，针对消费者春季旅游的需求，介绍了几条赏花特色旅游线路，有的放矢。

例文二

芝华士（Chivas）父亲节广告

标题：
这篇文案没有标题，广告画面是一瓶芝华士酒，酒的旁边有一张卡片，上面写着：“给爸爸。”

因为我已经认识了你一生

因为那辆红色的Rudge自行车一度使我成为全街区最快乐的男孩

因为你允许我在草坪上玩蟋蟀

因为你过去常在厨房腰围抹布翩翩起舞

因为你的支票簿总是因我而忙碌不已

因为我们的家总是洋溢着书香和欢笑

因为你牺牲了无数个周六的早晨去看一个小男孩打橄榄球

因为你总是给予我太多而对我却所求甚少

因为有多少个夜晚你在桌前挑灯夜战而我在床上酣然入睡

因为你从不谈论鸟类和蜜蜂来使我难堪

因为我知道你的皮夹中有一张关于我获得奖学金的发黄的剪报

因为你总是让我把鞋跟擦得和鞋尖一样铮亮

因为你在 38 年中 38 次记住了我的生日

因为在我们见面时你依然拥抱我

因为你仍然买花给我的妈妈

因为你的白发比同龄人更多，而我知道是谁助长了它们

因为你是一位了不起的祖父

因为你让我的妻子感受到她是这个家的一分子

因为我上回请你吃饭时你想去麦当劳

因为当我需要你的时候，你总会在我左右

因为你允许我犯错误，却从未说过“我早告诉过你啦”

因为你仍然假装只在阅读时才需要眼镜

因为我没有像我应该做到的那样经常说谢谢你

因为今天是父亲节

因为如果你不值得送 Chivas Regal

还有谁值得

正文：
这是一个用诗意般的语言娓娓道来的故事，是一段亲情告白，让人在不知不觉中产生情感的共鸣，或感动，或忧伤。

直到结尾才点出广告的目的——父亲节，送他芝华士。

例文评析

这是美国著名撰稿人 David Abbott 为芝华士写的一则广告。内容感人，以情取胜，在动人的叙述中消散了人们对广告的排斥心理。广告格式也打破常规，甚至没有标题，但这并不影响这则广告成为经典之作。

课后习题

一、改错题

分析下面这篇促销广告词的不当之处，并进行修改。

促销广告

本鞋店正在进行过季商品大甩卖，所有皮鞋降价一倍。欢迎各位顾客前来选购。

二、写作题

请为某楼盘设计一则平面广告。楼盘名称是“田园牧歌”，位于市郊，与城市主城区相距 15 分钟车程。该楼盘依山傍水，适合向往清新闲适生活的人群居住。

第二节　意向书

学习目标

- ◆ 掌握意向书的概念和种类
- ◆ 掌握意向书的写作结构和方法
- ◆ 能够根据所给的材料写出符合要求的意向书

在经济活动中，意向书是当事人进行意向性洽谈、达成一些原则性共识的记录，并不具备法律效力。它通常是为进一步正式签订协议或合同奠定基础，是“协议书”或“合同”的先导，起到备忘录的作用。

一、意向书概述

1. 意向书的概念

意向书是在经济活动中，各方当事人经过商洽，就某一合作项目达成一致意见，提出合作设想而签订的书面文书。意向书为进一步正式签订协议或合同奠定了基础。

意向书可以在企业之间使用，也可以在地区与地区之间、国家与国家之间使用，多用于经济领域，但也可使用在文化、科研等社会生活的各个领域。

2. 意向书的种类

（1）按合作内容分类

1）投资意向书，是就投入资本或实体达成的意向书。

2）联营意向书，是就联合经营发展或中外合资经营达成的意向书。

3）技术开发与转让意向书，是就某项技术开发或转让达成的意向书。

（2）按文体格式分类

1）条款式意向书，类似合同，采用分条列项式写法的意向书。

2）书信式意向书，即用信函文体写作的意向书。

二、意向书的结构和写法

意向书通常是由标题、正文、署名和成文日期等几部分构成。

1. 标题

标题有两种写法：一种是直接书写文种，即“意向书”；另一种是在文种前面加上合作项目或合作单位名称，如“购房意向书”“合作建厂意向书”。

2. 正文

正文一般包括引言、主体和结尾三部分。

（1）引言

意向书的引言中需注明签订意向书的单位名称以及签订的依据、目的等内容，一般可用“本着……（诚实信用 / 互惠互利 / 合作共赢）原则，各方就……达成以下意向”作为过渡，引出下文。

（2）主体

分条列出各方当事人经过初步商洽，达成一致意见的意向内容，如合作项目的基本情况、合作方式、各方的权利和义务等。

（3）结尾

在正文的最后可用“未尽事宜，在签订正式协议或合同时予以补充、明确”之类的句子结尾，或者写上对意向内容的一些额外补充。

3. 署名

在正文下方写上当事人的名称（加盖公章）、法人代表、联系电话、通信地址等信息。各方信息一般分列平行排序，以示公平。

4. 成文日期

在署名下方写上签署意向书的日期，注明具体的年、月、日。

三、撰写意向书的注意事项

第一，内容要简略。意向书只需写明各方当事人的初步合作意向，并不涉及关键、具体的合作内容，所以篇幅不宜过长。

第二，语气要谦和。意向书行文以协商语气为主，不能随意使用强制性或规定性的词语，以便留有余地。

四、例文评析

合作意向书

浙江××公司（以下简称甲方）与德国××公司（以下简称乙方）经友好协商，本着精诚合作、互惠互利原则，就创办合资公司一事达成以下意向：

一、公司名称：××合资公司。

二、注册地址：浙江省××市××路××号。

三、经营范围：生产婴幼儿用品。

四、合作年限：20年，即从20××年5月1日至20××年5月1日。

五、投资总额：壹佰伍拾万元人民币，注册资本壹佰伍拾万元人民币。其中，甲方出资比例占百分之五十，即柒拾伍万元人民币；乙方出资比例占百分之五十，即柒拾伍万元人民币。

标题：
项目＋文种

引言：
写明签订意向书的单位名称及签订的依据，并用“达成以下意向”过渡。

主体：
确定了合作项目的基本情况。

六、效益分割：双方按投资比例分配。

七、责任划分：甲方主要承担产品的生产工作，乙方主要承担产品的销售工作，详细规定在正式合同上落实。

八、未尽事宜及具体条款在签订正式协议或合同时予以补充。

九、本意向书一式两份，双方各执一份。

甲方：浙江 ×× 公司（盖章）　　乙方：德国 ×× 公司（盖章）

代表：×××（签字）　　代表：×××（签字）

20×× 年 × 月 × 日

结尾：
留有余地。

署名：
明确双方单位名称、代表姓名。

成文日期

例文评析

这是一份简单的合作意向书，格式规范，内容合理，明确了合作创建公司的名称、注册地址、经营范围、投资总额、效益分割、双方责任等内容。结尾写到“未尽事宜及具体条款在签订正式协议或合同时予以补充”，充分体现了意向书临时性的特点。

例文二

×× 传媒 20×× 年下半年广告代理意向书

签字代表经正式授权并代表响应方在此宣布承诺如下：

公司名称	
投标项目	
意向标的	
意向折扣或用版量	
意向保证金	
×× 晚报代理经历（具体项目名称、年限、指标完成情况等）	
其他媒体代理经历（具体项目名称、年限、指标完成情况等）	
备注	

法人代表签字：__________

公　司　盖　章：__________

日　　　　期：__________

例文评析

这是一份采取表格模板形式的意向书，这类意向书通常用于常规性事务，即与合作对象的意向性意见已基本约定俗成。这种意向书项目明确，操作便捷。

课后习题

一、改错题

请指出下面这份意向书存在的问题并修改。

合作意向书

一、甲、乙双方愿意以合作方式成立一个合资企业。合资企业名称为“×××× 有限公司”，企业地址拟定在“×× 市 ×× 路 ×× 号”。

二、合资公司为有限责任公司。双方约定投资总额 ×× 万人民币，其中乙方出资 ×× 万人民币，占投资总额的 65%。

三、合资企业生产的主要产品是乙方所需的 ×××，产品 90% 以上由乙方出口销售。

四、乙方负责向合资企业提供必需的先进设备、市场信息等，甲方负责立项、组织生产及解决生产场地等。

五、甲、乙双方合作期限为 10 年。期满后经双方协商可继续合作经营。

六、有关产品价格由甲、乙双方协商议定。

甲方：×× 公司　　　　乙方：×× 公司

20×× 年 × 月 × 日

二、写作题

绿叶商贸公司拟从福建兴业茶厂订购特级铁观音，双方经过洽谈，兴业茶厂为绿叶商贸公司提供 9 折优惠，承诺供应 20×× 年优质新茶。请代双方撰写一份购货意向书。

第三节　合同

学习目标

- ◆ 掌握合同的概念和种类
- ◆ 掌握合同的写作结构和方法
- ◆ 能够根据所给的材料写出符合要求的合同

合同是商品生产和交换的产物，是社会经济关系在法律上的表现，是明确合作各方权利和义务关系的重要文书。合同一经订立，即受法律保护，各方当事人必须认真履行合同。合同制度的广泛应用有助于规范社会经济交往，保障市场交易安全，维护市场经济秩序，促进社会经济发展。

一、合同概述

1. 合同的概念

合同旧称契约、契据。《中华人民共和国合同法》（以下简称《合同法》）规定：“合同是平等主体的自然人、法人、其他组织之间设立、变更、终止民事权利义务关系的协议。”

2. 合同的种类

按合同订立的形式划分，可分为书面形式合同、口头形式合同和其他形式合同。

按合同写作格式划分，可分为条款式合同、表格式合同和条款表格结合式合同。

《合同法》对常用的合同进行了专门的分类，分为买卖合同，供用电、水、气、热力合同，赠与合同，借款合同，租赁合同，融资租赁合同，承揽合同，建设工程合同，运输合同，技术合同，保管合同，仓储合同，委托合同，行纪合同，居间合同，共 15 大类。这也是经济活动中最常见的合同分类。

二、合同的结构和写法

合同通常是由标题、约首、正文和约尾等几部分构成。

1. 标题

合同的标题有两种形式：

一是合同性质 + 文种，如“租赁合同”“赠与合同”。

二是合同标的 + 合同性质 + 文种，如“商品房买卖合同”“汽车租赁合同”。

有的合同还需在标题下方标注合同编号，以备存档或查寻。

2. 约首

合同的标题下方需写上签订合同的各方当事人的名称（姓名）和住所，名称或姓名必须是可查证的全称，住所必须是详细地址。

为了后文叙述方便，常常在各方当事人名称后加括号注明简称，比如“甲方”“乙方”，或明确当事人在合同中的关系，如“卖方”“买方”或“赠与人”“受赠人”。

3. 正文

合同的正文一般包括引言、主体和结尾三部分。

（1）引言

在撰写合同主体部分之前，可先用一两句话简单扼要地说明订立合同的目的、依据、过程等内容来引领下文，如“为了……，根据……（相关法律法规），经过双方充分协商，特订立本合同，以资共同遵守”。

（2）主体

这是合同的主要部分，包括当事人约定的各项条款内容。合同的基本条款内容如下：

1）标的。标的是合同当事人权利和义务所共同指向的对象。它可以是物品，如商品房买卖合同中指定的商品房；也可以是技术、专利等智力成果，如专利技术转让合同中指定的专利技术；还可以是一种劳务关系，如劳务合同标的就是当事人之间的劳务关系。

2）数量。数量是合同标的的具体计量，合同中需要明确规定标的的具体数量、计量单位以及计量方法。

3）质量。质量是对合同标的质的规定，在拟定合同的过程中要注明对标的质的要求，如标的的规格、等级、型号、性能、技术要求、包装等。

4）价款或报酬。价款或报酬一般都以货币的形式表示，在合同中需要明确标的的单价、总价、加价标准、结算方式等内容。

5）履行期限、地点和方式。履行期限即合同的有效期限，在此期限内当事人需履行合同义务。履行地点指当事人履行合同义务的地点。履行方式指当事人履行合同的具体方式。

6）违约责任。《合同法》明确规定：“当事人一方不履行合同义务或者履行合同义务不符合约定的，应当承担继续履行、采取补救措施或者赔偿损失等违约责任。”违约责任是合同不可或缺的重要内容，是解决合同纠纷时的可靠依据。

7）解决争议的方法。可选择当事人协商解决；向仲裁机构申请仲裁解决；向法院提起诉讼，由法院调解或判决。

此外，根据具体情况，还可以在合同中加入一些其他条款，如在涉外合同中常常会加入“不可抗力”条款。

（3）结尾

结尾通常写明合同的份数、效力，如“本合同一式两份，具有同等效力，双方各执一份”。有的还需注明合同的有效期限、附件的名目（如经营许可证复印件、设计图纸等）。

4.约尾

（1）署名

在正文下方写上当事人的名称（加盖公章）、法人代表、联系电话、通信地址、开户银行及其账号等信息。

一些重要的合同需要主管部门鉴证或司法单位公证的，要写上鉴证部门或公证单位的名称，并签字盖章。

（2）日期

在署名下方写上签约日期，用汉字注明具体的年、月、日。一般情况下，签约日期就是合同生效的起始日期，也可特别注明“本合同有效期自二〇××年×月×日至二〇××年×月×日，过期作废”或“本合同自双方代表签字，加盖双方公章或合同专用章即生效，至二〇××年×月×日后终止”。

三、撰写合同的注意事项

第一，须符合法律法规。签订合同是一种法律行为，只有在当事人具备法律规定的资格，合同内容遵守国家的法律、符合国家政策要求时，才能受到法律的保护。否则，不但达不到当事人预想的目的，还可能部分或全部无效，甚至受到法律的制裁。所以，合同在内容、签订的形式和程序上都应合乎法律规范。合同一旦依法订立，即受法律保护，不得擅自变更或解除。

第二，坚持平等互利、协商一致、等价有偿的原则。合同当事人在签订合同时，具有平等的法律地位，任何一方都不能把自己的意志强加给对方。

第三，内容具体，格式规范。撰写合同要按照《合同法》的有关规定，内容要具体，条款要完备。如有合同范本，应使用统一的范本；如没有范本，也应参照范本格式拟制。

第四，语言精确、严谨。撰写合同应本着认真严肃的态度，语言表述要求精确、严谨，避免文字上的歧义和逻辑上的混乱。书写要求工整、清晰，正式的合同不得涂改。

四、例文评析

例文一

供货合同

购货单位：×× 餐饮服务有限公司，以下简称甲方；

供货单位：×× 贸易有限公司，以下简称乙方。

通过公开、公平、公正的招标，乙方成为甲方本次大米招标的中标单位。为明确双方责任，经甲乙双方诚信协商，现就乙方向甲方所属各连锁店配送事宜，达成如下协议：

一、配送地点

甲方所属各连锁店指定地点。

二、配送时间

二〇×× 年 × 月 × 日至二〇×× 年 × 月 × 日。

三、供货要求及结算方式

1. 乙方按照甲方各连锁店所报数量按时（自订货时间起 24 小时内）送到各连锁店指定地点。若甲方所属各连锁店出现紧急订货等特殊情况，乙方承诺按甲方的要求及时送达指定地点。

2. 合同签订时，乙方向甲方交纳服务质量保证金人民币贰万元整，无违约情况，合同期满后无息退还。

3. 双方约定结算周期一个月（特殊情况经甲方同意可提前支付货款）。

4. 供应品质及价格：

标题：
合同性质 + 文种

当事人名称：
应使用全称，联系方式等在结尾处出现，此处略。

引言：
明确订立合同的目的、依据等。

主体：
包括了合同的标的、履行时间和期限、价格品质、结算方式、违约责任、解决争议的办法等条款内容。

双方供货价格按照招标确定价格 3.9 元 / 千克执行。

关于价格变更，双方约定，视市场行情变化由甲方在合同期过半时调整价格。

双方供货品质按照参与招标的样品执行。

四、双方责任

（一）甲方责任

1. 甲方按合同要求凭乙方所在单位的财务统一发票，以支票（汇票）的方式及时支付货款。

2. 甲方在乙方商品配送过程中给予积极配合。

（二）乙方责任

1. 乙方须向甲方提交有效的营业执照、生产许可证、卫生许可证的复印件，合同期内发生证件更改等事项应及时至甲方更换原有证件复印件。

2. 乙方须根据要求按时、按量、按样品的质量配送商品，所供商品必须取得 QS 认证。

3. 乙方在商品配送过程中遇到不可抗力因素时，须在第一时间利用电话等方式通知甲方，并采取相应补救措施满足甲方所提出的合理要求。

4. 乙方提供给甲方的产品，质量安全必须符合国家食品卫生等有关部门的标准，并提供有关证件和检测报告。如乙方提供的产品被甲方服务对象投诉属实，由乙方承担一切责任，并赔偿甲方的相应损失。

5. 甲方在使用乙方商品的过程中，若发生质量、卫生、服务等方面的问题，乙方须在第一时间赶赴现场与甲方有关人员分析原因，积极处理。由此造成的各项损失，由乙方承担。

6. 甲方可对乙方的商品送质监部门进行检验，若检查结果符合国家标准及样品要求，则相关费用由甲方承担；若检查结果不符合国家标准及样品要求，相关费用由乙方承担，并协商赔偿事宜。

五、其他事项

1. 本合同一式两份，甲乙双方各执一份。

结尾：
注明合同份数和效力。

2. 本合同甲乙双方签字盖章后生效。

3. 本合同未尽事宜由双方协商解决。

4. 双方对违约责任的处理不能达成一致意见时，按《中华人民共和国合同法》规定处理。

甲方（盖章）:	乙方（盖章）:
代表（签字）:	代表（签字）:
地址:（略）	地址:（略）
电话:（略）	电话:（略）
开户行:（略）	开户行:（略）
账号:（略）	账号:（略）

合同签订时间：二〇××年×月×日

约尾：
当事人署名、联系方式、日期等。

例文评析

这是一份大米供货合同，格式规范，内容完整，包含《合同法》规定的各项基本条款，重点突出，强调了双方当事人应履行的责任，明确了处理争议的方法；语言简洁，表达准确。

例文二

保管合同

保管人:__________

寄存人:__________

第一条　保管物

保管物名称:__________________

性质:__________________

数量:__________________

价值:__________________

第二条　保管场所:______________________

第三条　保管方法:______________________

第四条　保管物（是／否）有瑕疵。瑕疵是:____

标题：
合同性质＋文种

当事人名称

正文：
明确了合同标的、数量、报酬、履行期限、违约责任、解决争议的方法等基本内容。

第五条　保管物（是／否）需要采取特殊保管措施。特殊保管措施是：________________

第六条　保管物（有／无）货币、有价证券或者其他贵重物品。

第七条　保管期限自______年____月____日至______年____月____日止。

第八条　寄存人交付保管物时，保管人应当验收，并给付保管凭证。

第九条　保管费________元。

第十条　保管费的支付方式与时间：________________

第十一条　寄存人未向保管人支付保管费的，保管人（是／否）可以留置保管物。

第十二条　违约责任：________________

第十三条　合同争议的解决方式：本合同在履行过程中发生的争议，由双方当事人协商解决，协商不成的，按下列第____种方式解决：

（一）提交______仲裁委员会仲裁。

（二）依法向________人民法院起诉。

第十四条　本合同于__________时成立。

第十五条　其他约定事项：________________

保管人：________（盖章）　　寄存人：________（盖章）

代表人：________（签字）　　代表人：________（签字）

电话：________________　　电话：________________

签约时间：______年____月____日

签约地点：________________

约尾：
单位名称、法人代表、联系电话及成文日期。

例文评析

这是一份格式条款合同，格式条款是当事人为了重复使用而预先拟定，并在订立合同时未与对方协商的条款。

课后习题

一、改错题

请指出下面这份合同存在的问题并重新撰写。

合　同

××（以下简称甲方）为装修位于田园牧歌楼盘的房屋（4幢2单元704室），与××有限公司（以下简称乙方）协商，并就装修事宜达成一致意见，特订立本合同，以资共同遵守。

一、承包方式：所有装修材料均由甲方购买（乙方需提前通知甲方购买材料的时间和内容），乙方负责房屋的装修施工工作。如遇特殊情况需乙方代为购买装修材料的，在经过甲方同意的情况下，凭购买发票结算。

二、装修内容：房屋内所有地板、墙砖、地砖的铺设，墙纸的粘贴，水管、电线的埋设等工作。

三、质量标准：乙方须安全施工，装修质量不得低于同一施工类型的装修标准，需经双方认可。

四、施工期限：20××年×月×日至20××年×月×日，共3个月。

五、工程造价：人工费人民币12 000元，管理费人民币3 000元，共计人民币15 000元。

六、付款方式：甲方先预付壹仟元人民币，工程完成后，经甲方验收，如符合质量标准和设计要求，在验收后的三天内，甲方付清余款，即壹万肆仟元人民币。

本合同未尽事宜，由双方协商解决。

本合同自双方签订之日起生效。

本合同一式两份，甲乙方各执一份，具有同等法律效力。

甲方：××（签字盖章）	乙方：××有限公司（盖章）
	负责人：××（签字盖章）
联系电话：××××××	联系电话：××××××

二、写作题

某房地产开发公司新建一栋临街的六层写字楼，其中一层面积 1 000 平方米，共 5 间房，楼前有 1 000 平方米的停车场。某商场准备租用，经双方商定，每月租金每平方米 100 元，租赁期为 3 年。请代为撰写一份合同。

第四节　市场调查报告

学习目标

- 掌握市场调查报告的概念和种类
- 掌握市场调查报告的写作结构和方法
- 能够根据所给的材料写出符合要求的市场调查报告

市场调查报告是一种专题调查报告，撰写报告的根本目的是为了摸清市场行情，指导产、供、销等经营环节。

市场调查报告可在一定程度上反映市场现状及趋势，对于研制、生产和供应适销对路的产品，作用是非常明显和直接的。市场调查报告中所提出的有效建议一经采纳，可以立刻转化成经济效益。

一、市场调查报告概述

1. 市场调查报告的概念

市场调查报告是通过对市场的营销情况和经济现象进行调查，对所得信息经过分析、研究和处理后而写成的关于市场现状的报告性文书。

2. 市场调查报告的种类

根据调查内容的不同，可将市场调查报告划分为以下四类：

（1）市场需求调查报告

这类报告主要调查市场对本企业产品的需求量和影响需求量的因素。

（2）竞争对手调查报告

这类报告主要调查竞争对手的总体情况、竞争能力及其新产品的发展动向等。

（3）市场价格调查报告

这类报告主要调查市场同类商品的价格变动情况以及消费者对价格变动情况的反应。

（4）市场消费行为调查报告

这类市场调查报告的对象主要是消费者的分布地区和经济状况、消费习惯、消费水平及广告对消费者的影响等。

二、市场调查报告的结构和写法

市场调查报告一般由标题、正文、署名和成文日期等几部分构成。

1. 标题

市场调查报告的标题没有严格的格式，一般带有“调查”二字，并指出调查的对象或内容、范围，如“利康县健安村奶牛饲养情况调查”。

2. 正文

市场调查报告的正文包括概要、主体和结尾三部分。

（1）概要

主要是对调查的缘由、目的、对象、范围、内容、方法和时间、地点等有关调查活动的说明。

（2）主体

多由情况、分析和建议三部分构成。

情况部分应叙述调查得来的材料，有时可利用图表进行说明；必要时还应对市场背景资料，如地理、气候、政治、经济、文化、社会的变化趋势及政策、法律、法规等做出说明。

分析部分表述的是市场调查报告撰写人对调查所得材料的看法，介绍撰写人对情况的分析归纳以及从调查中发现了哪些问题，得出哪些结论等。情况部分和分析部分也可合在一起写，边介绍情况边进行分析，这种有事实、有数据、有分析的写法，较有说服力。

建议部分依据调查材料及其分析研究，提出解决问题的方法或应采取的措施、对策等。

（3）结尾

市场调查报告的结尾没有特定的格式，一般是概括全文的观点，写出总结式的意见，或说明调查中存在的问题，预测可能遇到的风险和相应对策等。有时写完分析和建议则自然结束，不另加结尾。

3. 署名和成文日期

在结尾处写明撰写人姓名或部门、单位名称以及报告完成日期，以示负责。也可放在标题之下。如是受委托为他人撰写，还应将委托方、调查方分别写清楚。

三、撰写市场调查报告的注意事项

第一，实事求是。坚持实事求是原则进行市场调查，是写好市场调查报告的可靠保证。因此，作者一定要亲自参加调查。报告中引用的调查材料要翔实可靠，对重要数据要反复核实、测算，做到确凿无误。同时，选材时要客观、全面，不能只选对自己观点有利、支持自己看法的材料，如有对自己观点不利、相左的材料也应附带提及，说明清楚，或加以分析，或录以备考，尽可能避免片面性，以免领导或委托方据以决策时导致失误。

第二，注意观点和材料的统一。撰写市场调查报告不能满足于材料的堆砌和数字的罗列，必须既有材料又有观点，观点统帅材料，材料说明观点，切忌观点和材料脱节，更要防止两者相抵触。作者要在反映情况的基础上提出有见地、有说服力的分析意见和相应的建议。

第三，突出重点。市场调查的内容较广泛，涉及的问题也较多，在整理和撰写时，要根据主旨的需要来取舍材料，切忌面面俱到。如果调查涉及的内容过多，可以分专题写几份报告。这样，每份报告都能突出自己的重点。

第四，正确把握文体性质和表达方式。市场调查报告是一种兼有说明、记叙、议论的应用文体，应偏重于选用比较全面、系统、完整的事实、数据以叙述说明问题，并且运用议论的表达方式提出措施建议。市场调查报告的语言要准确、简练、朴实。如文中运用小标题，各小标题应简洁、醒目、匀称。

第五，讲究时效。市场调查所得情况要能及时地反映和传递。过时的信息不可能做出准确的预测和科学的决策，甚至会产生负效应。

四、例文评析

例文一

图书市场调查报告

×××

20×× 年 10 月 29 日至 11 月 3 日，×× 出版社对图书市场进行了为期一周的调查。调查地点为福州越洋图书城。

本次调查从 10 月 29 日上午至 11 月 3 日晚间，调查时间超过 36 小时。我们将一天分为上午、下午和晚上三个时段，每天抽取两个时段开展调查：一是发放调查问卷，二是了解卖场信息，三是访谈读者和销售代表。

一、问卷调查及分析

1. 少年读者对教辅和以文学为主的课外读物较感兴趣，青年读者（25～40 岁）对文学、社会科学、自然科学图书比较关注，老年读者对社会科学和自然科学（包括医学知识方面）图书比较关注。（略）

2. 读者一般倾向于购买简装和 30 元以下的图书。（略）

3. 读者购书时多半注重出版社的品牌，并多半曾购买过我社图书。（略）

二、卖场信息及分析

1. 图书类别方面

（1）社科类红火，图书出版渐呈系列化、品牌化及与电视传媒结合化的特点。（略）

（2）文学读物风采依旧，出版社知名度和传统优势对此类图书销售影响加深。古典文学、20 世纪初国内经典不断被出版社重新包装，国外名著则被多人次翻译，其中比较明显的是四大名著和五四时期作品。（略）

（3）工具类图书颇受欢迎，辞书类出版社优势明显，辞书类别多元化。（略）

（4）少儿读物（包括儿童文学）规模不断扩大，并与

标题：
调查对象 + 文种

概要：
简要介绍调查对象、调查者、调查时间和地点。

开头：
概述调查情况，包括调查时间、调查者、调查方法、调查对象等。

主体：
调查情况及分析，包括问卷调查情况、卖场情况、访谈情况等。

教育类图书逐渐兼容，成为图书市场较为强势的增长点。（略）

（5）教材销售稳中有升，教辅市场竞争激烈，考试类教材潜力日涨。因为教材走新华书店系统，所以越洋图书城销售的品种较少。（略）

（6）教师读物（教育理论、教学案例、教学方法、教育随笔等图书）相对平淡，但图书品种较为丰富，且教育心理学类书籍开始进入市场。（略）

2. 图书制作方面

畅销的图书在制作上相对都比较精细，价位基本在30元以下，书名都较为独特。

图书作者、书名、装帧很大程度上影响甚至左右读者的选择。目前畅销类图书的封面设计都比较大胆，传统意义上比较注重淡雅风格的文学类和社科类图书现在也日益走向华丽和独特的装帧风格。突出书名、适当大量留白等手段都较能引人注目。由于多半图书只露出书脊，因此书脊的设计也广被关注。另外，封面设计工作日益由一些美术工作室承担。（略）

三、访谈结果及分析

1. 读者方面。多数读者根据其个人爱好、作者影响力、出版社知名度以及媒介推荐因素来购买图书，并希望图书价格有所下降。年轻读者对装帧有所要求，老年读者则表示“书最大的作用是交流，价格不能太高”。（略）

2. 销售代表方面。分别访谈了门市部经理和中小学教辅区销售代表。

（1）门市部经理访谈要点。（略）

（2）销售代表访谈要点。（略）

四、思考与建议

结尾：
进行思考，提出建议。

1. 图书出版

当前比较热门的图书是人文社科类（可涵盖文学）、少儿读物、教辅，我社对这几类图书均有开发传统，根据调研结果建议：

（1）以民国时期系列图书为辐射点，做大做强社科类图书。现有民国系列图书形成品牌，有社会效益。而近年来民国时期事件及人物渐成热点，若能结合当下对民国历史的兴趣，逐渐把学科研究与历史普及相结合，会有更好效果。

（2）少儿读物可从低幼入手，利用本省优势，着重开发学前教育资源。此外，根据幼儿的阅读习惯，图文结合地将经典文学或民间故事以童话的形式加以出版，既能作为育儿读物，也能作为幼儿读物，还可作为延伸的课外读物。

（3）注重小学教辅研发。（略）

2. 图书营销

（1）以《闽教书香》为基础，定时、及时地将图书出版信息通过电子文档、纸质产品等方式第一时间告知卖场。其中，对一些比较重点的图书，建议改变等图书出版后才发布消息的做法，采取紧跟选题、适时公布、酝酿铺陈、后期跟进等方式，使图书出版与宣传不再两层皮。

（2）结合官方媒体和大众期刊，对图书做相应推荐。官方的如《中国新闻出版报》《出版人》等，较受大众认可的读书类报刊则有《中华读书报》《读书》等，特别是《读书》，读者群有十余万之众且学历较高，建议可与其加强合作。

（3）销售上与省内卖场保持紧密联系，及时收集市场信息和卖场信息。采用“图书信息—图书—销售信息—市场信息”的模式，使发行出版一体化。

（4）以教育图书为平台，创办读书会。（略）

通过一周的调查、学习，本人感受到当前我社图书既有传统优势，又面临激烈的市场竞争，在对市场进行一定了解的情况下，做了个人的汇总与分析。考虑到信息及分析为个人观察所得，难免疏漏片面，希望能抛砖引玉。

20×× 年 × 月 × 日　　**成文日期**

例文评析

这是一篇关于图书销售市场的调查报告，文章先概述调查的基本情况，再根据调查对象、方法的不同分四个方面汇报、分析图书的销售情况，最后针对调查结果进行思考，提出建议。文章运用小标题，分门别类地列出调查结果，条理清晰，结构完整，夹叙夹议。

例文二

京沪两地居民饮料消费调查

调查地点：北京、上海

调查方法：入户访问

调查时间：20×× 年

样本量：1 036 个

被访者：城市居民

调查机构：×× 市场研究公司

随着城市居民生活水平的提高，饮料消费开始成为居民消费的一大热点。目前的饮料消费市场竞争日趋激烈，品种不断翻新，品牌不断涌现，饮料消费市场成为典型的买方市场，人们的选择范围越来越大。

前一段时间，×× 市场研究公司进行了一次饮料消费调查。调查主要在北京、上海两大城市进行，两大城市有效样本均为 518 个，共 1 036 个。

碳酸饮料当家

调查结果显示，消费者购买饮料时在类型选择方面存在着地区、性别、年龄上的差异。但相同的是，北京人和上海人均将碳酸饮料作为饮料的首选，而且上海人对碳酸饮料的偏好表现得更加明显，比例比北京高出近 10 个百分点，北京、上海分别为 39.9% 和 49%。两地次选饮品均为矿泉水和纯净水；对于纯果汁饮料，北京人显然比上海人有更浓厚的兴趣，比例分别为 5.5% 和 1.7%。

从性别角度看，喜欢碳酸饮料、奶类饮料以及茶饮料

标题：
调查对象 + 文种

概要：
介绍调查基本信息，包括调查模式、调查地点、调查方法、调查对象等。

主体：
调查情况及分析，包括主要消费者偏好、品牌认知度、品牌美誉度和购买情况等。

的女性比男性多，而喜欢矿泉水和纯净水的男性比女性多。从年龄上看，喜欢碳酸饮料的人的比例随年龄的上升而下降，60 岁以上的人对茶饮料的兴趣比其他年龄段的人大。

品牌认知度各异

第一类：碳酸饮料

在北京，可口可乐独领风骚，高居综合提及率排名榜首，为 85.9%；雪碧位居第二，综合提及率为 41.7%；而芬达、健力宝、百事可乐、美年达的综合提及率分别为 19.8%、15.6%、13.5%、12%。

与北京人不同的是，上海人似乎并没有特别偏好哪一种饮料，可口可乐、百事可乐、雪碧三分天下，共执牛耳，综合提及率分别为 71.4%、64.3%、55.6%；另外，七喜、美年达、芬达也有一定的知名度。

第二类：矿泉水、纯净水

在北京，农夫山泉、娃哈哈位居前列，综合提及率分别为 61.5%、51.3%；另外，崂山、九龙山、获特满、天赐庄也为一部分北京人所了解。

在上海，百岁山、正广和、碧纯三分天下，综合提及率分别为 57.3%、53.5%、41.3%；获特满有一定的知名度；娃哈哈、乐百氏、屈臣氏仅为一小部分人知晓。可以看出，北京和上海的矿泉水、纯净水市场几乎被完全不同的品牌所瓜分，存在着比较大的差异。

第三类：纯正果汁

在北京，汇源果汁的认知度排名第一，综合提及率为 48%；都乐位居第二，为 20%；大湖、华旗、福运全、茹梦紧随其后，分别为 8%、8%、4%、4%。

在上海，都乐的认知度排名第一，综合提及率为 62.5%；大湖、三得利并列第二，均为 25%；汇源为 4%。

第四类：果味饮料

在北京，统一品牌有一定的认知度，为 5.9%；其他品牌的认知度比较分散。

在上海，佳得乐为第一，综合提及率为 26.1%；麒麟位居第二，为 17.4%；统一位居第三，为 4.3%。

由此看来，上海有自己的果味饮料品牌，北京在这方面较为欠缺。

第五类：茶饮料

在北京，统一、康师傅、旭日升、雪人冰茶排在前四位，综合提及率分别为 66.7%、50%、11.1% 和 5.6%。

在上海，排在前两位的是统一和康师傅，综合提及率分别为 55% 和 45%。

第六类：奶类饮料

在北京，三元位居榜首，综合提及率为 30.8%；谁能敌、帕玛拉特并列第二，均为 3.8%。

在上海，光明牌一枝独秀，综合提及率为 81.8%。可以看出，上海人更青睐本地产品。

与矿泉水、纯净水饮料市场相似，北京和上海奶类饮料的主导品牌也是大相径庭。

品牌美誉度

调查结果显示，在品牌美誉度方面，可口可乐是近三分之一（32.6%）北京人心目中的最好品牌，另外三分之一的人所认为的最好品牌比较分散。在上海人心目中，认为可口可乐、百事可乐、雪碧是最好品牌的人数比例最高，分别为 20.4%、19.4%、14.5%。北京和上海消费者对品牌评价影响因素的排序一致，由高到低依次为：保质期、口味、营养成分、品牌、容量。

购买场所的选择

调查结果显示，家庭中购买食品或用品的决策主体大多是成年人，青少年较少。消费者在购物场所的选择上存在着地区、性别、年龄上的差异。上海人绝大多数在超市购买饮料，比例占到 84.4%；北京人在超市购买饮料所占比例为 41.4%。两大城市中，在便民店、百货商店、副食店购买饮料的人均为 15% 左右。从性别上看，女性比男性更喜欢到超市购物，女性中 65.4% 的人在超市购物，而男性为 55.3%。从年龄上看，越是年轻人对在超市购买饮料的兴趣越大。18～20 岁的人喜好超市购物的比例最高，为 66.2%；60 岁以上的人去超市的比例最低，为 42.2%。

××市场研究公司　　署名

20××年×月×日　　成文日期

例文评析

这是一篇关于京沪两地饮料消费状况的市场调查报告。报告从饮料消费类型、购买场地、品牌认识度等方面进行了系统的陈述，并对京沪两地的消费状况进行了比较。本文数据翔实，条理清楚，具有一定的参考价值。

课后习题

写作题

某公司拟开发一款适合学生使用的新型手机，请调查本班同学使用手机的情况，从手机的功能、外形、价位等方面进行调查研究，撰写一篇简单的市场调查报告。

第五节　产品说明书

学习目标

- 掌握产品说明书的概念和种类
- 掌握产品说明书的写作结构和方法
- 能够根据所给的材料写出符合要求的产品说明书

产品说明书的使用范围广泛，与人们的生活关系密切，是生产者对消费者使用产品的必要指导和说明。对于消费者来说，产品说明书不仅是对产品情况的介绍说明，更是商家对产品品质的一种承诺，是生产经营者提供售后服务的有机组成部分。

一、产品说明书概述

1. 产品说明书的概念

产品说明书是一种向消费者介绍说明产品的名称、性能、成分、用途、使用方法及注意事项等内容，以便消费者正确使用和保养维护产品的应用文体。

2. 产品说明书的种类

按功能划分，可分为商品性能说明书、使用说明书、安装说明书、技术说明书等。

按表达形式划分，可分为文字说明书和文字图表说明书。

按传播方式划分，可分为外包装说明书和内装说明书。

二、产品说明书的结构和写法

产品说明书通常是由标题和正文两部分构成。

1. 标题

产品说明书的命名可采用产品名称、型号、生产厂家加文种的方式，如“苏泊尔 ×× 型电炖锅使用说明书”；也可以直接由产品名称加文种构成，如“头孢克肟胶囊说明书”。

2. 正文

正文一般包括引言、主体和结尾三部分。

（1）引言

产品说明书一般在标题下方正文开始之前，有一段提示消费者阅读说明书的文字，如“使用前请仔细阅读说明书，阅读后小心收藏以备查阅”。

（2）主体

正文主体部分是对产品的总体说明，一般包括产品的名称、规格、型号、成分、用途、工作原理、生产日期、有效期限、使用方法及注意事项、保养维护、保修售后服务等内容。在实际操作中，针对具体的说明对象，可对说明的内容进行调整。

有些说明书内容比较复杂，比如电子产品、家用电器的说明书，可在正文前列出目录，分条进行说明，也可采用图文并茂的方式，便于普通消费者理解和掌握。

（3）结尾

写明生产厂家的名称、地址、联系方式等内容。对于一些需要市场准入或认证的产品，还需列出批准文号和执行标准。

此外，对于一些可能危及人们健康和安全的产品，如药品、电器产品等，要在产品说明书的显要位置标注警示性提示。

三、撰写产品说明书的注意事项

第一，内容要实事求是。撰写产品说明书要本着科学的态度，准确反映产品的使用价值，对产品的性能、参数等信息要用精确的数据进行说明。不仅要介绍产品的优点，更要注明产品的缺点以及可能会带来的后果。

第二，内容要实用。撰写产品说明书的目的是为了帮助消费者正确掌握产品的使用方法并了解使用时的注意事项，因此内容要实用，要有价值。

第三，表达要通俗简明。撰写产品说明书主要采用说明的表达方式，避免抒情、议论的语言；要用规范、准确的语言表达完整的意思，避免浮夸和模棱两可、表意不清的情况出现；要用通俗易懂的语言，尽量避免使用专业术语。

四、例文评析

例文

××××口服液说明书

请仔细阅读说明书并按说明使用或在医师指导下购买和使用。

［药品名称］××××口服液。

［成　　分］鱼腥草、生姜、枇杷叶、桔梗、生半夏。辅料为蔗糖、苯甲酸钠。

［性　　状］本品为黄棕色至棕色的液体，气香，微甜。

［主治功能］清热化痰、止咳。用于痰热咳嗽，痰黄黏稠。

［规　　格］每瓶装10毫升。

［用法用量］口服。一次20毫升，一日2~3次。

标题：
产品名称＋文种

引言：
提示消费者在使用前仔细阅读说明书。

主体：
介绍产品的名称、成分、功能、使用方法、注意事项等内容。

［不良反应］尚不明确。

［禁　　忌］尚不明确。

［注意事项］

1. 服药期间忌烟、酒及辛辣、生冷、油腻食物。

2. 不宜在服药期间同时服用滋补性中药。

3. 糖尿病患者及有高血压、心脏病、肝病等慢性疾病严重者应在医师指导下服用。

4. 服药3天症状无缓解或服药期间出现喘促气急者，应及时去医院就诊。

5. 本品性状发生改变时禁止使用。

6. 儿童应在成人监护下使用。

（略）

［贮　　藏］密封。

［包　　装］玻璃瓶，每盒装10瓶。

［有 效 期］24个月。

［执行标准］中国药典20×× 年版。

［批准文号］国药准字 ××××××××

［说明书修订日期］20×× 年 × 月 × 日

［生产企业］

企业名称：×××× 有限公司

生产地址：××××××××

邮政编码：××××××

电话号码：××××–××××××××

网　　址：http://www.×××××.com

如有问题可与生产企业联系。

结尾：
注明产品的批准文号以及生产厂家的名称、地址、联系方式等内容。

例文评析

这是一份药品使用说明书，采用分条叙述的形式，明确了药品的成分、性状、功能、使用方法等内容，并且比较详细地说明了注意事项，有利于消费者根据说明书正确服药。

课后习题

一、改错题

请指出下面这份产品说明书的错误并修改。

×× 番薯片

配料：新鲜番薯、芝麻、食用植物油

净含量：60 克

保质期：常温下 6 个月

生产日期：见封口

食用方法：开袋即食，请置于阴凉干燥处

产地：浙江

产品标准号：××××××

生产商：×× 食品有限公司

二、写作题

请为你所熟悉的某一品牌的纯净水撰写一份产品说明书。

第六节 招标书、投标书

学习目标

- ◆ 掌握招标书、投标书的概念和种类
- ◆ 掌握招标书、投标书的写作结构和方法
- ◆ 能够根据所给的材料写出符合要求的招标书、投标书

招标、投标是在工程建设、大宗商品交易、技术服务等经济活动中广泛使用的一种竞争方式。

“招标”是指招标单位公布招标信息，招揽承包者、承办者参与竞争，从中选择最佳合作伙伴的行为。

“投标”是指有合作意愿的单位、集体或个人，根据招标要求，提出实施设想，拟订详细方案，向招标方提出承包、承办申请的行为。

采用招标、投标的方式开展经济活动，有利于实现公平竞争，提高企业经济效益，促进企业间的经济技术交流与合作。

一、招标书和投标书概述

1. 招标书和投标书的概念

招标书是招标单位为招徕相关单位参与投标竞争，对招标信息和招标要求等有关事项进行公示的书面文书。广义的招标书包括招标公告、投标须知、中标通知书等，狭义的招标书即指招标公告。

投标书是投标单位根据招标书所列条件和要求而制定并递交给招标单位的申请文书。

2. 招标书和投标书的种类

根据不同的标准，可将招标书和投标书分为不同的种类：

按时间划分，可分为长期招（投）标书和短期招（投）标书。

按对象划分，可分为工程建设招（投）标书、大宗商品交易招（投）标书和企业承包招（投）标书等。

按范围划分，可分为国内招（投）标书和国际招（投）标书。

二、招标书和投标书的结构和写法

1. 招标书的结构和写法

招标书通常是由标题、正文、署名和成文日期等几部分构成。

（1）标题

招标书的标题可采用三种形式：

1）招标单位名称 + 事由（即招标内容）+ 文种，如“××大厦营业房承包权招标公告”。

2）招标单位名称或事由 + 文种，如“××公司采购招标书”“电脑采购招标书”。

3）文种，即“招标公告”或“招标书”。

（2）正文

招标书的正文一般包括引言、主体和结尾三部分。

1）引言。介绍招标单位的基本情况、招标的缘由或依据、招标项目名称等。常见的表述形式为“为了……，根据……，对……进行公开招标”。

2）主体。在这一部分要明确招标的具体内容、要求和有关事项。不同对象的招标书的主体内容各有侧重。通常在主体部分需要明确的内容有：招标项目概况，招投标的时间、地点及方式方法，投标者的条件和要求等。

主体部分的表述要求层次清楚，表达明确，一般采用条文格式进行表达，也有的招标书采用表格的形式。

3）结尾。需注明招投标的起止时间、联系人姓名和联络方式、标书的售价等相关事项。

（3）署名和成文日期

写上招标单位全称、成文日期等内容，并加盖公章。

此外，一些招标书还需要提供投标文件中必须使用的证明文件、表格或其他必备文件的标准格式作为附件。

2. 投标书的结构和写法

投标书通常是由标题、致送单位、正文、署名和成文日期等几部分构成。

（1）标题

投标书的标题可采用以下三种形式：

1）投标单位名称＋投标项目名称＋文种，如“第五建筑工程公司承包××食品厂移地改造工程投标书”。

2）投标单位名称或投标项目名称＋文种，如“××装饰装潢公司投标书”“城市花园建设工程投标书”。

3）文种，即“投标书”或“投标申请书”。

（2）致送单位

在正文开始之前，顶格写上招标单位或招标机构的全称，并加冒号。

（3）正文

投标书的正文一般包括引言、主体和结尾三部分。

1）引言。用简单的话写明投标的目的和依据的主导思想，表明投标意愿。

2）主体。投标书是对招标书的回答，所以投标书正文主体部分的写作内容要依据招标的目的和要求而展开。常见的投标书主体内容包括：投标者的基本情况、项目标价、项目保证（包括工期、质量、其他服务等）、投标者完成项目的应对措施、对招标单位的要求或建议等。

3）结尾。一是对主体进行补充，如再次表明态度或请求评标组织审核评议等，二是写清投标方全称、地址、邮编、联系人、联系电话、电子邮箱、法人代表签字等信息。

（4）署名和成文日期

写上投标单位全称和成文日期，并加盖公章。

此外，一些投标书还需要提供图纸、表格、担保书等附件。

三、撰写招标书和投标书的注意事项

1. 撰写招标书的注意事项

第一，招标书的写作要符合国家政策、法律法规，招标条件和要求要合理、合法。

第二，内容简明扼要，重点突出。招标书的内容较为复杂，撰写时应有所侧重，切忌长篇大论。

第三，语言准确，避免产生歧义，特别是涉及数据的表述，要严谨科学。

2. 撰写投标书的注意事项

第一，格式规范。投标书有明确的格式规范，招标文书中也常包含对投标书写作的要求，所以撰写投标书前需认真阅读招标文书。

第二，重点突出。投标书的写作目的明确，需根据招标书的具体要求，做到有的放矢。

第三，表达准确。投标书是严谨规范的经济文书，语言表达必须准确，避免表意不清或产生歧义。

第四，撰写及时。招标书对投标的起止时间有明确规定，所以撰写投标书要及时。

四、例文评析

例文一

××学校食堂托管招标公告

为吸引社会优质资源经营我校学生食堂，提高服务质量，满足师生需求，现以招标形式向社会选定合法经营、资质信誉好、业绩优良的企业经营本校学生食堂。现公告

标题：
单位＋事由＋文种
引言：
简述招标目的，然后通过“现公告如下”过渡到主体部分。

如下：

一、招标编号

××××。

二、招标项目名称及内容

1. 项目名称：×× 学校食堂托管。

2. 项目概况：食堂为单一建筑体，分三层；建筑面积 800 平方米；学校就餐师生人数约 1 800 人。

3. 经营年限：3 年。

三、投标人资格

1. 具备独立的法人资格。

2. 注册资金在 100 万元以上（含 100 万元）。

3. 具有在浙江省内经营 3 000 人以上规模学校食堂 3 年以上经历；经营优势明显，实力强，具有一定的规模。

4. 具有为师生提供优质服务的经营理念，熟悉学校食堂的教育属性，具备食堂管理的系列制度并落实有效。

四、投标人提供的有关资料

1. 特指本服务的介绍信或法人委托书。

2. 企业营业执照、组织机构代码证等有关证照。

五、领标及投标相关事宜

1. 领标时间：20×× 年 × 月 × 日。

2. 领标地点：××××。

3. 标书费：200 元整（无论中标与否，概不退还）。

4. 投标地点：××××。

5. 投标截止时间：20×× 年 × 月 × 日。

6. 投标保证金：人民币壹万伍仟元整（￥15 000.00），投标保证金以支票、汇票形式提交。

7. 招标答疑时间：20×× 年 × 月 × 日。

8. 招标答疑地点：××××。

9. 开标时间：20×× 年 × 月 × 日。

10. 开标地点：××××。

六、联系人及联系电话

1. 联系人：×××。

主体：
招标项目名称、招标要求与条件是招标书的主要内容，采用条文式结构，分条列出。

结尾：
注明领标、投标、开标的具体时间和地点，购买标书的费用，联系人及联系电话。

2. 联系电话：×××××××××。

××学校
20××年×月×日

署名
成文日期

例文评析

这是一份项目承包招标书。本文格式规范，内容简明扼要，对投标方的要求叙述完整而明确，语言简练、严谨。

例文二

投标书

标题：文种

××学校：

致送单位

××管理有限公司授权×××总经理为全权代表，参与××学校食堂项目谈判的有关工作，并递交投标文件。为此，我方谨郑重声明以下诸点并对之负法律责任。

引言：表明投标意愿。

1. 我方已详细阅读了全部谈判文件，愿意接受竞争性谈判的各项要求。

2. 我方递交的投标文件为××管理有限公司××学校食堂投标文件。

3. 我方以现金形式提供投标保证金壹万伍仟元人民币。

4. 我方完全理解并同意放弃对谈判文件有不明及误解的权利。

5. 我方将按照谈判文件的规定履行合同责任和义务。

6. 如果我方在规定的谈判时间至谈判响应有效期内撤回参与谈判，投标保证金可被贵方扣缴。

7. 我方同意提供按照贵方要求的与其谈判有关的一切数据或资料。

8. 我方的投标文件自谈判之日起60个工作日内有效。

9. 与本谈判有关的一切正式往来通信请寄：

主体：针对招标目的和要求撰写投标书内容，并向招标方做出郑重承诺。

地址：×××××××××

电话：×××××××××

结尾：投标单位全称、代表人姓名、联系方式。

邮编：××××××

传真：××××××××

开户银行：×××××××

账号：××××××××××××

参与谈判方代表姓名、职务：××× 总经理

投标人名称（盖章）：×× 管理有限公司

全权代表签字：×××

日期：20×× 年 × 月 × 日

例文评析

这份投标文件内容完备，除上面列出的投标书外，还附有投标方基本情况介绍、投标方资质文件、投标项目经营方案等资料。投标文件严格按照招标文件的要求组成，既严谨规范，又凸显自身优势。

课后习题

一、改错题

请指出下面这则招标公告的错误并重新撰写。

招标公告

×× 学院经上级主管部门批准，拟修建一座室内体育馆，为了节约成本，保证工程高质高效地完成，决定采用公开招标方式，择优选定施工单位。现就本次招标的相关事宜做如下说明：

一、招标项目

1. 工程名称：×× 学院室内体育馆

2. 建筑面积：×××× 平方米

3. 工程结构：钢筋混凝土框架结构，主体两层

4. 承包方式：实行全部包工包料

二、领标、投标相关事项

1. 领标时间及地点：××××

2. 购买标书费用：200 元整

3. 招标答疑时间及地点：××××

4. 投标地点：××××

5. 开标时间及地点：××××

联系地址：×× 市 ×× 路 ×× 号

×× 学院室内体育馆建设项目招标办公室

××××年×月×日

二、写作题

请撰写一份学院计算机采购的招标公告。